■エクスカリバー（12ページ掲載）

■村雨（72ページ掲載）

■アルテミスの弓（166ページ掲載）

■アイギス（190ページ掲載）

伝説の「武器・防具」大辞典

はじめに

神秘の力が宿りし「物」たち

神話や伝説には、聖剣「エクスカリバー」や妖刀「村正」、無敵の盾「アイギス」、神秘の箱「パンドラの箱」といった、特別な力を秘めた武器や防具、道具が数多く登場する。

これらは単に強力な武器・防具・道具というだけではなく、侵略者から祖国を救った英雄、あるいは邪悪な魔物を打ち倒した勇者たちの力の象徴でもある。

そして、それらに謳われる「神々の力が宿った」「キリストの聖なる遺物が込められた」「持つものを破滅に導く呪いがかけられた」といったフレーズは、神秘の力への憧れを表し、人々を魅了してやまない――。

神話や伝説を語るとき、脇役になりがちな武器・防具・道具だが、実は登場人物や話自体に密接に関係している。逆に、それらがないと話が進まないものさえあるほどだ。

本書は、そのような伝説や史実に登場する魅惑の武器・防具・道具に焦点をあてている。違う角度から知ることで、より神話や伝説を楽しんでいただけたら幸いだ。

CONTENTS

伝説の「武器・防具」大辞典　目次

第一章　西洋の刀剣

第二章 東洋の刀剣

第三章 長柄武器

CONTENTS

クロスアーマー 綿で作られた軽量の鎧 202
スケールアーマー 鱗状の鉄板を縫い付けた鎧 203
プレートアーマー 抜群の性能を誇る鎧 204
チェーンメイル 鉄の輪を繋ぎ合わせた鎧 205
コート・オブ・プレート 鉄板を張り合わせた鎧 206
カイトシールド 騎兵用に作られた縦長の盾 207
ランタン・シールド 攻防一体となったユニークな盾 208
ソードシールド 複数の刃を持つトーナメント用の盾 209
ヘルム／グレートヘルム 中世の騎士たちが愛用した金属製の兜 210
アーメット 高い機能性と防御力を兼ね備えた兜 211
アキレウスの鎧 ギリシャの英雄を支えた鎧 212
アイアスの盾 ギリシャの英雄アイアスの持つ盾 212
ハデスの兜 冥界の王が持つ姿を消す兜 213
唐皮の鎧 天から降ってきた不動明王の鎧 213
ラウンドシールド 円形状の一般的な盾 214
アイアンシールドピストル 銃器の仕込まれた鋼鉄製の盾 214
大鎧 平安時代に登場した鎧 215
藤甲 藤を材料とした特殊な鎧 215

第七章 道具類
今なお語り継がれる、神秘的な力を秘めた道具たち 218
聖杯 アーサー王が追い求めた聖なる杯 220
パンドラの箱 開けてはならない神秘の箱 222
ソロモンの指環 強大な力で魔物を従える指環 224
レメゲトン ソロモン王の遺した魔術書 226
魔法のランプ 精霊を呼び出せる不思議なランプ 228

八尺瓊勾玉と八咫鏡 日本に伝わる神秘の神器 230
トロイアの木馬 戦争の帰趨を決した巨大な木馬 232
オルフェウスの竪琴 神すら魅了するほどの音色を奏でる竪琴 233
ブリーシンガメン 女神をも魅了した美しい首飾り 234
賢者の石 錬金術師が追い求めた秘石 235
エリクサー 不老不死をもたらすという奇跡の水 236
栄光の手 死者の手から作られた燭台 237
イカロスの翼 発明家ダイダロスが作った蝋の翼 238
タラリア 天上や冥界にも渡れる翼の生えた靴 238
トリトンの法螺貝 波を自在に操る海神の法螺貝 239
アリアドネの糸 テセウスをラビリンスから生還させた 239
アリオンの竪琴 音楽好きのイルカも愛した竪琴 240
アイオロスの袋 風を自在に操るアイオロスが作った革袋 240

CONTENTS

ドラウプニル　9日ごとに分身を生み出す魔法の腕輪　241
ファフニールの心臓　すべての言語を理解する力を得られる　241
ギャラホルン　最終戦争の到来を告げる角笛　242
グレイプニル　フェンリルを繋ぎとめる魔法の鎖　242
ワイナモイネンのカンタレ　この世のすべてを魅了する楽器　243
ダグザの大釜　食べ物を無限に生み出す魔法の釜　243
サンポ　持つ者に幸福をもたらす　244
運命の石　正当な王を知らせるという不思議な石　244
聖十字架　キリストの磔刑に使用された十字架　245
ロザリオ　信じるものに祝福を呼ぶ祈祷具　245
ラジエルの書　世界創生の秘密が記された書物　246
ネクロノミコン　太古の存在について記された魔道書　246
ダビデの竪琴　イスラエル王の病んだ心を癒した竪琴　247

ニーベルングの指環　富と破滅をもたらす呪われた指環　247
スヤマンタカ　善人を守護し悪人を滅ぼす宝石　248
アムリタ　呪いを解き不老不死をもたらす妙薬　248
浄玻璃鏡　亡者の行いを映す真実の鏡　249
陰陽鏡　照らすだけで生死を決める恐るべき鏡　249
空飛ぶ絨毯　空を飛べる不思議な絨毯　250
觔斗雲　空を自在に飛ぶ仙術のひとつ　250
紅瓢箪　返事した相手を吸い込む瓢箪　251
芭蕉扇　雨でも消えない火焔山を鎮めた扇　251

COLUMN
アーサーだけじゃない！ヨーロッパの英雄王　50
童子切安綱と並び称される天下五剣　94
槍の名手と謳われた伝説の英雄たち　128
ヨーロッパの三大神話と英雄たち　158
各国の特殊な武器　186
ギリシャ神話に登場するおもな神々　216

実在武具　年表　252
参考文献　254

第一章
西洋の刀剣

伝説の英雄たちの偉業を支え、力の象徴となった西洋の剣

第一章では、西洋に伝わる刀剣を紹介していく。剣と刀の違いだが、本書では両刃のものを「剣」、片刃のものを「刀」としている。このうち、西洋で広く普及したのは両刃の剣のほうであり、神話や伝説のなかにおいても、剣は英雄たちの持つ武器の代表格となっている。

人類の歴史において剣が用いられるようになったのは、金属の加工技術が発達した青銅器時代からとされ、西洋では紀元前1500年ごろの古代ギリシャにおいて、「サイフォス」という名の青銅の剣が用いられたとする記録がある。

鉄器時代になり、青銅に代わって鉄が用いられるようになると、武器としての剣も大きく発展。鉄を材料とした、さまざまな種類の剣が作られていくようになる。

この時代の剣は、一般的には大振りで肉厚な刀身を持つことが特徴とされる。これは、西洋では主に鉄製の重厚な鎧が用いられたことから、敵を斬るというよりは、

重量のある大型の剣を使った、叩きつける攻撃のほうが有効であったためである。

そのほかに、鉄の精錬技術が未熟であったことから、刀身を厚くしなければ十分な強度を保てなかったというのも大型化した理由のひとつのようだ。

しかし、金属加工の技術が熟練して鋼の製造が可能となると、刀身が薄くても十分な強度を持ち、かつ切れ味も鋭い刀剣が作られるようになる。これにより剣はさらなる発展を遂げ、戦いにおけるもっともポピュラーな武器となったのである。

その一方で、剣には単なる武器というだけではない、王位や力を象徴する器物としての一面もあった。このことは、西洋の神話や伝説に登場する英雄たちの多くが、槍や弓ではなく、剣を持っているということにも見てとることができよう。

彼らは剣を振るって邪悪な敵を打ち倒し、後世に名を残す偉大な英雄となる。人々はその力を英雄自身だけでなく、彼らの武器である剣のなかにも見出したのだ。英雄たちの持つ剣の多くが、神々や聖人たちの加護といった、神秘的な力に彩られているのも、こうしたことの表れであろう。

西洋の人々にとって剣とは、王位や力の象徴であると同時に、邪悪な敵を滅ぼす正義の象徴でもあったのだ。

伝説の王が持つ聖なる剣

エクスカリバー

西洋でもっとも有名な聖剣

西洋に伝わる剣のなかで、もっとも有名なものといえば、聖剣エクスカリバーだろう。

エクスカリバーは、円卓の騎士たちを率いて数々の外敵を打ち破った、ブリテンの偉大な王アーサーの持つ聖なる力の宿った魔法の剣である。

異界の聖地アヴァロンの住人たちによって鍛えられたこの剣には、妖精による特別な加護が備わっていたとされ、その刀身は眩いばかりに光り輝き、あらゆるものを切り裂くことができたという。

また、剣だけでなく、その鞘にも、持ち主の傷を癒し、不死身にする魔法の力があったとされている。

アーサーは聖剣エクスカリバーを武器に、アイルランド人やゲルマン人といった、祖国ブリテンの侵略を狙う幾多の難敵を打ち破った伝説的な英雄とされ、彼とその部下である円卓の騎士たちの活躍は「アーサー王伝説」として、ヨーロッパに伝わる騎士道物語の代表格となっている。

数奇な運命を持つアーサー

アーサーがエクスカリバーを手に入れるまでの道のりは、偉大な王と呼ばれるに相応しい、伝説的なエピソードに彩られている。

まず、その出生からしてドラマチックだ。アーサーは、ブリテンの王であるウーサー・ペンドラゴンの息

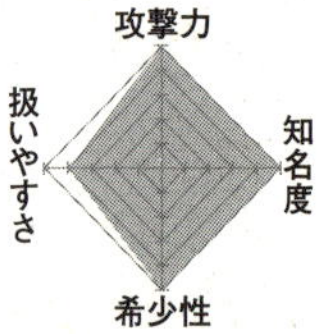

総合評価 A

備考 妖精の加護が備わった聖なる剣

分類
アーサー王伝説

子として生を受けるが、生まれてすぐに王の側近であった魔術師マーリンに預けられてしまう。

というのも、アーサーが生まれる以前、敵方の妃であるイグレーヌに恋をしたウーサー王は、彼女を射止めるためにマーリンの力を借りることにする。マーリンは魔法でその願いを叶えるが、その見返りとして、やがて生まれてくる子を自分に託すようウーサー王に約束させていたのだ。

かくして、ウーサー王の願いは叶い、やがてイグレーヌとのあいだに生まれたアーサーは、約束通りマーリンへと預けられる。そしてアーサーは、その出生を隠されたまま、成長していくこととなるのである。

王の息子から、市井の人となったアーサー。しかし、15歳となったころ、運命の転機となる出来事が起こる。ある日、アーサーはブリテン島の教会に置かれた、剣の刺さった謎の大岩を見つける。

この剣には「抜いた者はブリテンの王になる」という伝承があり、これまで何人もの騎士たちが挑戦したが、誰ひとりとして抜くことができなかった。しかし、アーサーがつかむと、剣はいとも簡単に岩から抜け出てしまったという。

こうしてアーサーは正式な王の継承者となり、やがてウーサー王に代わる救国の士として、ブリテンの人々の希望を背負う存在となるのである。

マーリンに導かれ、エクスカリバーを入手

盟約を結んだ円卓の騎士らとともに、祖国ブリテンの平和を守るための戦いに邁進するアーサー。だが、そんなアーサーにもピンチが訪れる。ペリノア王との戦いのさなか、かつて岩から抜いた剣が折れてしまうのだ。

このとき窮地に陥ったアーサーを救ったのが、マーリンである。マーリンは魔術でペノリア王を眠らせてアーサーを助けると、数日後にアーサーをとある湖畔へと導く。すると「湖の乙女」と呼ばれる精霊が現れ、アーサーにエクスカリバーを授けたという。

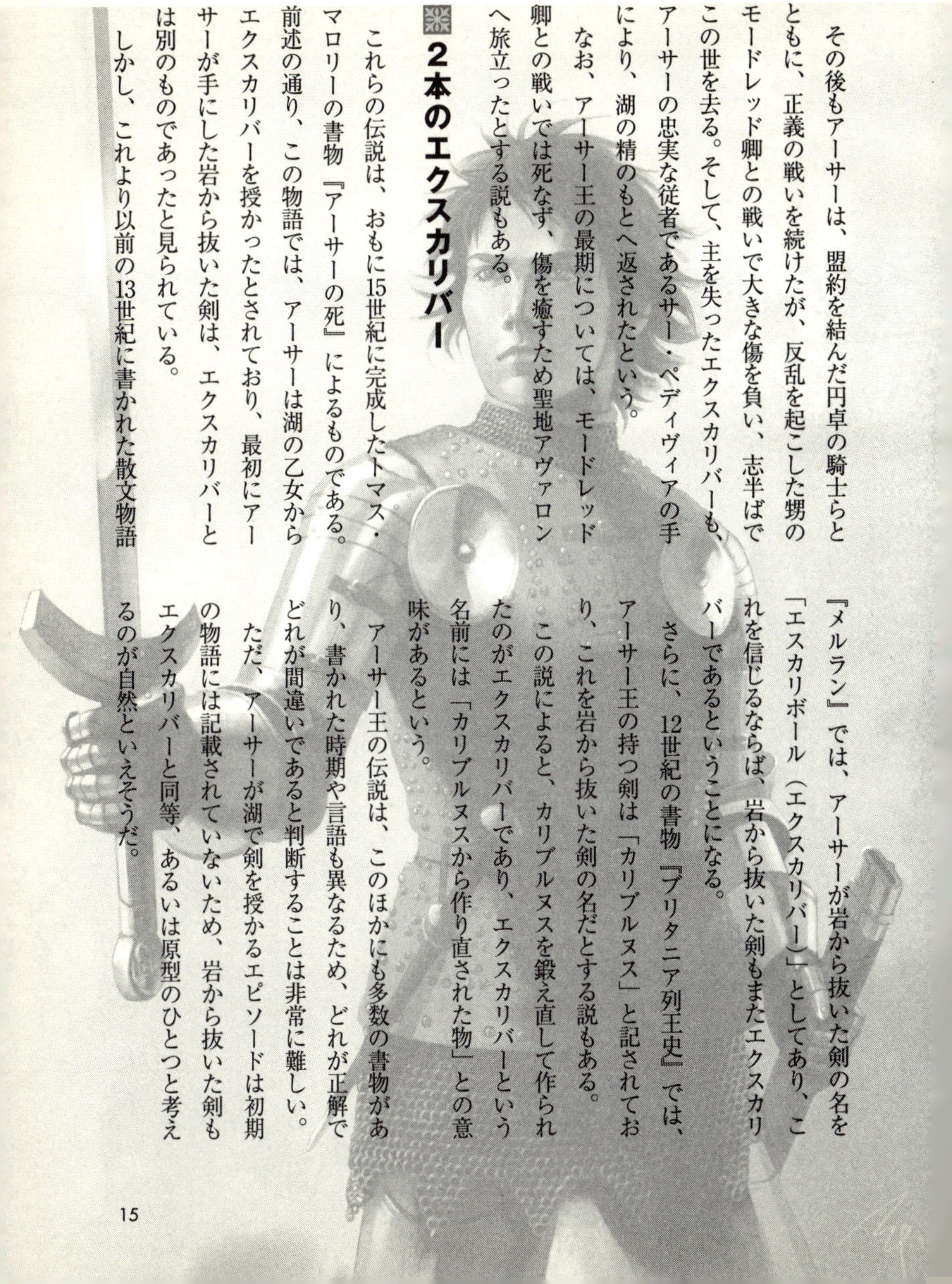

その後もアーサーは、盟約を結んだ円卓の騎士らとともに、正義の戦いを続けたが、反乱を起こした甥のモードレッド卿との戦いで大きな傷を負い、志半ばでこの世を去る。そして、主を失ったエクスカリバーも、アーサーの忠実な従者であるサー・ペディヴィアの手により、湖の精のもとへ返されたという。

なお、アーサー王の最期については、モードレッド卿との戦いでは死なず、傷を癒すため聖地アヴァロンへ旅立ったとする説もある。

2本のエクスカリバー

これらの伝説は、おもに15世紀に完成したトマス・マロリーの書物『アーサーの死』によるものである。前述の通り、この物語では、アーサーは湖の乙女からエクスカリバーを授かったとされており、最初にアーサーが手にした岩から抜いた剣は、エクスカリバーとは別のものであったと見られている。

しかし、これより以前の13世紀に書かれた散文物語『メルラン』では、アーサーが岩から抜いた剣の名を「エスカリボール（エクスカリバー）」としてあり、これを信じるならば、岩から抜いた剣もまたエクスカリバーであるということになる。

さらに、12世紀の書物『ブリタニア列王史』では、アーサー王の持つ剣は「カリブルヌス」と記されており、これを岩から抜いた剣の名だとする説もある。

この説によると、カリブルヌスを鍛え直して作られたのがエクスカリバーであり、エクスカリバーという名前には「カリブルヌスから作り直された物」との意味があるという。

アーサー王の伝説は、このほかにも多数の書物があり、書かれた時期や言語も異なるため、どれが正解でどれが間違いであると判断することは非常に難しい。

ただ、アーサーが湖で剣を授かるエピソードは初期の物語には記載されていないため、岩から抜いた剣もエクスカリバーと同等、あるいは原型のひとつと考えるのが自然といえそうだ。

英雄ローランの持つ聖剣

デュランダル

キリスト教と深い結びつきを持つ剣

11世紀ごろに完成したとされる、フランスの叙事詩『ローランの歌』に登場する剣。フランク王国の王シャルルマーニュが天使から授かった聖なる剣で、彼に仕えた12臣将のひとりローランが所有している。

『ローランの歌』は、シャルルマーニュ率いるフランク王国とスペインのイスラム帝国の戦いを描いた物語で、778年にあった「ロンスヴォーの戦い」を題材として書かれたとされる。

ただし、史実であるロンスヴォーの戦いで敵となったのは、バスク人（フランスとスペインにまたがる地域の人々）であり、イスラム帝国ではない。

では、なぜ『ローランの歌』では、敵対する相手がイスラム帝国になったのだろうか。その理由は、この叙事詩が書かれたのが11世紀であったということに見ることができる。

11世紀といえば、カトリック系の国々が十字軍の遠征を行っていた時代である。十字軍とは、キリスト教の聖地エルサレムをイスラム教徒から奪還することを目的とした遠征軍のこと。つまり、『ローランの歌』が書かれた11世紀とは、キリスト教とイスラム教の対立が深まっていた時代であり、こうした背景を受けて敵も、バスク人からイスラム教徒へと意図的に変えられたと考えることができるのだ。

第二次世界大戦中の日本などでも、国威発揚のため

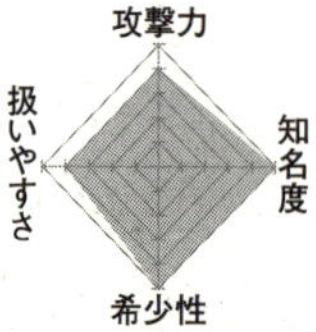

総合評価	**A**
備考	天使から授かった聖なる剣

分類
ローランの歌

にさまざまな映画や物語が制作されたが、『ローランの歌』も、これに近いキリスト教徒にとってのプロパガンダ的な物語であるといえるのだ。

さて、デュランダルだが、この剣は黄金の柄を持つ両刃の片手剣として描かれることが多く、岩をも断ち切るほどの強度と切れ味を誇っていたという。

また、その柄の中には、聖母マリアといったキリスト教にまつわる数々の聖人たちの毛髪や衣服が納められていたとされる。こうした点からもデュランダルとは、極めてキリスト教と結びつきの深い、聖なる剣であるといえるだろう。

『ローランの歌』に描かれる英雄ローラン

シャルルマーニュ王は、ヨーロッパの統一を目指し、当時イスパニアを支配していたイスラム教徒に戦いを挑んでいく。そして、ローランもまた、王とともに数々の戦いに参加。幾多の難敵を打ち破っていった。

その活躍の背景には、当然ながら聖剣デュランダルの力もあるのだが、同時にローランは、この剣を異教徒の手から守るという責務も背負っていた。キリスト教徒であるローランたちにとって、聖者たちの遺物が込められたこの剣は、単に強力な武器というだけではない、特別な象徴といえるものであったのだ。

さて、こうしたローランらの活躍もあり、イスラム教徒との戦いは優勢に進み、このままいけば勝利も時間の問題となる。そんなとき、敵であるサラセンの王マルシルが和睦を申し出てくる。敗戦は避けられないと考えたマルシルは、シャルルマーニュ軍が撤退してくれるならば、多くの贈り物や人質を差し出すだけでなく、マルシル自身もフランスへと同行してキリスト教に改宗すると申し出てきたのだ。

これを受けて開かれた会議では、賛成派と反対派で意見が二分されるなど紛糾する。最終的にシャルルマーニュ王は和睦の申し出を受けることにするが、次に問題となったのは誰をサラセンに送る使者にするかという点であった。もし、この和睦が罠であれば、使者は殺されてしまう可能性があるため、使者の選定は大きな問題であったのだ。

当初、ローランをはじめとする4名の騎士が、それぞれ自分が使者になると申し出るが、シャルルマーニュ王は大切な騎士たちを使者にするわけにはいかないと、これを許さず、誰かを推薦するように命じる。

それを受けてローランは、自分の継父ガヌロンを推薦。しかし、ガヌロンはローランが危険をともなう使者に自分を指名したことに激怒。ローランへの恨みを募らせることになる。

そして使者となったガヌロンは、その役目を果たす傍ら、サラセンの勇将ブランカンドランに接近。ローランを亡き者にする計画を立てる。その計画とは、いったん敗北を受け入れたのち、撤退するシャルルマーニュ軍を背後から襲うというものであった。

そうとは知らぬシャルルマーニュは、サラセンから人質や貢物が届けられるという約束が果たされたと考えて撤退を開始。ガヌロンの提案もあって、その殿軍をローランが務めることになる。こうして、すべてはガヌロンの計画通りに進んでいったのである。

ローランの最期

シャルルマーニュ軍が撤退を開始すると、すぐに待機していたサラセンの大軍が追撃を開始。これに気づいた騎士オリヴィエは、ローランに角笛を吹いて援軍を呼ぶように勧めるが、ローランは名誉心からそれを拒否。だが、いかに勇猛なローランとはいえ、10倍もの兵力差を覆すことはできなかった。

満身創痍のローランは、デュランダルを敵に渡すまいと、最後の力を振り絞って近くの山頂にあった大岩に叩きつける。だが、剣は折れるどころか、逆に岩を真っ二つに裂いてしまった。ローランはやむなくデュランダル置くと、そのまま絶命。だが、最後まで剣を守ろうとしたローランの想いは神に通じ、その魂は天へと導かれる。そして、残されたデュランダルも、無事にシャルルマーニュのもとへ戻ったという。

ヴォルスング一族に授けられた名剣

グラム

オーディンによって授けられた剣

グラムは、「北欧神話」のひとつ「ヴォルスンガ・サガ」に登場する剣で、叙事詩『ニーベルンゲンの歌』のバルムンクや、楽劇『ニーベルングの指環』のノートゥングのモデルになったといわれる。

主神オーディンの末裔であるフーナナンドの王ヴォルスングは、やがてワルキューレのフリョーズと結婚し、10人の息子とひとりの娘が生まれた。

娘の名前はシグニューといったが、やがてガウトラントのシッゲイル王が求婚にやってきた。シグニューはあまり乗り気ではなかったが、ヴォルスング王と兄弟たちの勧めもあって、結婚することとしたのである。

結婚式はヴォルスング王の館で行われたが、その式のさなかに片目の老人の姿でオーディンが現れると、館の庭にあった樫の木に一本の剣を刺し、「剣を抜いた者に、贈り物として授けよう」と言った。

オーディンが去ったのち、その場にいた誰もが剣を抜こうと挑戦したが、誰ひとりとして抜くことはできなかった。しかし、ただひとり、ヴォルスング王の息子でシグニューの双子の兄であるシグムンドが剣に触れると、いとも簡単に抜くことができたのであった。

これを見たシッゲイル王は、どうしても剣がほしくなり、シグムンドに黄金と引き換えに剣を譲ってほしいと頼み込んだ。しかし、シグムンドは「剣が選んだのは自分なのだから」と断って頼みに応じず、以後、

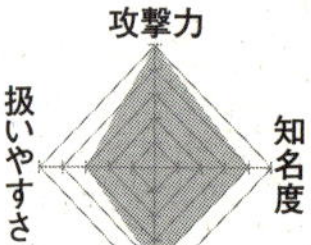

総合評価	B
備考	親子2代に渡って使用される

分類
北欧神話

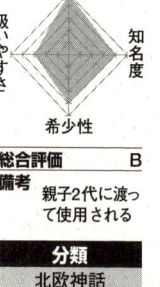

剣を手放すことなく自分のものとしたのであった。

剣を折られて天界へ運ばれたシグムンドの魂

ところが、シッゲイル王はシグムンドの返答を自分をバカにしたものだと受けとり、その場では何も言わなかったものの、祝宴も早々に自国に帰ってしまった。

そして、後日シッゲイル王は急に帰国したお侘びと称してヴォルスング王と息子たちを領地に招くと、ヴォルスング王を殺して息子たちを捕らえてしまった。

シグニューのとりなしで、息子たちはすぐには殺されなかったが、縛られて森に放置されたところを一晩ごとに狼に襲われてしまう。シグニューの機転で唯一助かったシグムンドは、そのまま森に姿を隠して暮らし、復讐の機会をうかがうことにしたのであった。

やがて、シグニューはシッゲイル王とのあいだに息子をもうけ、彼らを鍛えて実の父である王を討たせようと考えたが、彼女自身に息子を鍛える力はなかった。

そして、純粋にヴォルスングの血を引いた息子が必要だと考えたシグニューは、館を訪れた魔法使いの女と姿を入れ替えると、知らない女のふりをして兄と夜を明かして身ごもるのである。

ふたりのあいだにできた息子はシンフィヨトリと名づけられたが、幼いころから豪胆なところがあり、数々の試練を乗り越えて立派に育っていった。

やがて、シンフィヨトリが十分に力をつけたと判断したシグムンドは、彼とともにシッゲイル王を倒そうと決意。一度は捕らえられて生き埋めにされてしまったが、シグニューが藁に包んだ剣を生き埋めの穴に投げ込んだため、シグムンドたちは岩を切り裂いて脱出し、見事シッゲイル王を倒したのであった。

こののちシグムンドは妻を娶《めと》るが、シンフィヨトリと確執が生じて、彼が命を落としたために離縁し、新たにヒョルディースという妻を迎えた。ヒョルディースは子供を授かったが、シグムンドはシッゲイル王との戦いで剣を折られて瀕死の重傷を負った。シグムンドは、駆けつけたヒョルディースに生まれてくるのは男の子だと告げると、折れた剣を残しておくようにといって息を引きとった。実はこの戦場にいずれ訪れる最終戦争で、シグムンドを味方に加えようと考えたオーディンが敵兵の姿で紛れ込んでおり、シグムンドの剣をグングニルで折って傷を負わせたのであった。

シグルズに継承されてファフニールを倒す

その後ヒョルディースは、戦場を通りかかったデンマーク王の息子に保護され、はらんでいる子供が生まれたらという条件で求婚されることになる。

のちに、ヒョルディースは無事に出産し、生まれた子供はシグルズと名づけられてデンマーク王のもとに送られ、ヒョルディースは王子と結婚した。

さて、この当時の慣例では身分の高い者の子息は身分が低いものを養い親とするのが常で、シグルズは鍛治屋の養父レギンに預けられることになった。

養父のレギンにはオッテルという兄がいたが、カワウソに変身して漁をしていたところを、そうとは知らないオーディンやロキといった神々がしとめてしまうという事件があった。その賠償として、オーディンは多くの黄金とそれを生む魔法の指環を支払ったのだが、竜に変身する能力を持つ長兄のファフニールが、父を殺して財宝を独り占めにしたのであった。

シグルズが立派に育つと、レギンはファフニールに独り占めにされた財宝を奪還するため、シグルズに竜を退治するようにと言い、剣を鍛えて持たせた。

ところが、レギンが鍛えた剣はシグルズの力に耐え切れずすぐに折れてしまう。そこで、シグルズは父が遺した折れた剣をレギンに渡して鍛え直してもらったところ、素晴らしい剣ができあがった。

シグルズは、鍛え直された剣、グラムを片手にファフニールを退治しに向かい、見事に心臓を突いて倒す。

そして、シグルズがファフニールの血を口にしたところ、鳥の言葉がわかるようになる。鳥のさえずりから、レギンが自分を裏切ろうとしていることを知ったシグルズは、その場でレギンを斬り倒すのであった。

メデューサを退治した刀

黄金のハルパー

魔物を切り裂く黄金の刀

「ギリシャ神話」に登場する英雄ペルセウスが、見た者を石に変える魔物メデューサを退治する際に用いた刀。伝令の神ヘルメスから授かったとされ、その刃はどんなに硬いものでも斬り裂いたという。

ハルパーとは、鎌のように湾曲した独特の形状を持つ刀で、湾曲した部分を相手に引っ掛けて、斬り裂くように攻撃を行う。その歴史は古く、実際に紀元前7世紀ころのギリシャで戦いに用いられていた。

ただし、このときペルセウスに与えられたのは、かつてヘルメスが巨人アルゴスを倒した際に用いた、黄金製の特別な力を持つハルパーであったという。

メデューサの首を斬り落とす

メデゥーサ退治へ向かう際、ペルセウスはハルパー以外にも、翼の生えた靴「タラリア」（２３８ページ）や表面が鏡のように磨かれた青銅の盾といった、さまざまな道具を神々から借り受けている。

ペルセウスはタラリアで空を駆けてメデューサの棲家を見つけると、石に変えられないよう、メデューサの姿を盾に映して、その首を斬り落としたのである。

ちなみに、斬り落としたメデューサの首は持ち帰られ、女神アテネの手によって、彼女の持つ盾にはめ込まれた。こうして完成したのが、最強の盾「アイギス」（１９０ページ）なのである。

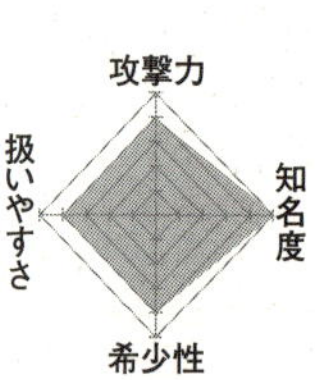

総合評価　B

備考　メデューサの首をはねた神刀

分類　ギリシャ神話

人の命を欲する妖剣

ダーインスレイヴ

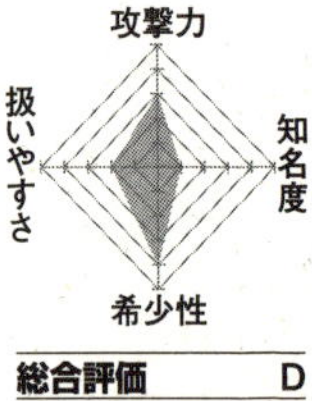

総合評価	D
備考	誰かの命を奪うまで鞘に戻らない剣

分類
北欧神話

命を奪うまで鞘に戻らない剣

「北欧神話」に登場する、一度抜かれると誰かの命を奪うまで鞘に戻らないという妖剣。

デンマークの王ホグニが所有している。ホグニがどのようにしてこの剣を手に入れたのかは定かではないが、彼は女神フレイヤの策略と、この剣の業により、永遠に争い続ける宿命を背負うことになる。

女神フレイヤの策略

「北欧神話」の女神フレイヤは、自らの身体を見返りに、ドワーフたちから「ブリーシンガメン」（234ページ）という首飾りを譲り受ける。だが、この行為は主神オーディンの怒りに触れ、フレイヤは罰として、ふたりの王を永遠に争わせなくてはならなくなる。

そこでフレイヤが目をつけたのが、ホグニとサラセン王ヘジンであった。フレイヤは魔力でヘジンを操ると、ホグニの妻を殺させ、娘を誘拐させる。

怒りに燃えたホグニは、ダーインスレイヴを手に軍を率いてヘジンのもとへと乗り込む。ヘジンは魔力で操られていたと弁明するが、ホグニはすでにダーインスレイヴを抜いてしまっていたため、もはや血を見ずに納めることはできなかった。

両軍は夕暮れまで激しく戦うが、フレイヤの与えた万能薬により、戦死した者も翌日には生き返ってしまうため、ふたりは永遠に戦い続けることになるのだ。

ダーインスレイヴ

世界を焼き尽くした炎の剣

レーヴァテイン

スルトの剣と同一視される魔法の剣

9~13世紀にかけて作られたとされる、古ノルド語で書かれた歌謡集『フィヨルスヴィズの歌』に登場する剣。レーヴァテインとは「傷つける枝」を意味し、「北欧神話」の神ロキが、古代文字のルーンを唱えて作った魔法の剣とされる。この歌では、巨人フィヨルスヴィズが主人公のスヴィプダーグに出した謎掛けのなかに登場する。そのため詳しい形状は不明である。

一方、このレーヴァテインを「北欧神話」に登場する、炎の国の統治者スルトの持つ剣とする説もある。この剣は燃え盛る炎をまとっており、その輝きは太陽に匹敵するほどだったという。

スルトの剣には名前がなく、本当に同じものなのかは不明だが、同一視されることも多いため、ここではスルトの持つ剣についても解説していこう。

ラグナロクののち世界を焼き尽くす

スルトはラグナロクと呼ばれる神々と巨人族との最終決戦において、神々と戦った巨人族のひとりである。両者の戦いは熾烈を極め、戦いが終わったのち生き残ったのは、両勢力のなかでスルトひとりであった。

このあと、残されたスルトは炎で世界を焼き尽くすのだが、このとき使われたのがレーヴァテインであったと見られている。伝承では、スルトは世界を焼き尽くすと、そのままいずこかへと姿を消したという。

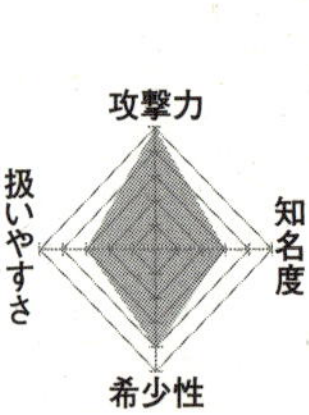

総合評価	B
備考	炎をまとった剣

分類
北欧神話

持ち主を破滅へ導く呪われた剣

ティルフィング

ふたりの小人がかけた強大な呪い

北欧の伝承に登場する、強大な力を持つが最後には持ち主に死をもたらすという魔剣。オーディン神の後裔とされるスヴァフルラーメ王が、ドヴァーリンとドゥリンというふたりの小人に作らせた。

スヴァフルラーメ王はふたりの小人を脅して、柄が黄金で決して錆びず、鉄をも切り裂き、持ち主に必ず勝利を与える剣を作るよう命じる。

小人たちはスヴァフルラーメ王の出した条件通りの剣を鍛えあげるが、同時におぞましい呪いをかける。それは、剣が鞘から抜かれるたびに必ず誰かの命を奪い、持ち主の望みを三度叶えるが、最後は持ち主自身に死をもたらすというものであった。

ティルフィングを手に入れたスヴァフルラーメ王は、その強大な力をもって、数々の戦いで勝利を収めていく。しかし、その栄華も長くは続かなかった。

半巨人族のアルングリムとの戦いの際、スヴァフルラーメ王は一瞬の隙をつかれてティルフィングを奪われると、最後には小人たちの呪いの力により、その刃で無残に刺し貫かれてしまうのである。

その後、この剣はアルングリムの家系へと受け継がれるが、ここでも呪いの連鎖は続き、一族の娘であるヘルヴォールやその息子のヘイドレクなど、この剣を手にした者はいずれも、スヴァフルラーメ王と同様に破滅の道を歩むこととなったという。

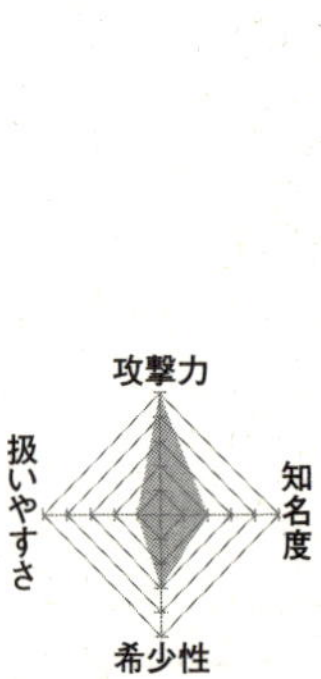

総合評価	C
備考	持ち主に勝利と破滅をもたらす魔剣

分類
北欧神話

キリスト教に伝わるドラゴンスレイヤー

アスカロン

聖人ゲオルギウスの剣

「選ばれし勇者がドラゴンを退治する」というのはファンタジーの定番だが、ヨーロッパには実際にドラゴン退治にまつわる数々の伝承が残されている。なかでも有名なのが、キリスト教の聖人ゲオルギウス（英国では聖ジョージと呼ばれる）による物語だ。

この物語のなかで聖ゲオルギウスは、アスカロンと呼ばれる剣を振るって、異教徒の町シレナに現れた凶悪なドラゴンを見事に打ち倒す。そして、その活躍に感謝した町の人々はキリスト教に改宗したという。

なお一説によると、ドラゴンとは、キリスト教を弾圧する人物のあだ名であり、物語は、反キリスト勢力との戦いを象徴したものと見る向きもある。

アスカロンよりも強力な槍？

聖ゲオルギウスによるドラゴン退治の逸話は、宗教画としても数多く残されている。ところが、こうした宗教画の多くは、聖ゲオルギウスが剣でなく、槍を持っている姿で描かれている。

なぜ、剣ではなく、槍を持っているのか疑問に思うところだが、伝承によると、どうやら聖ゲオルギウスは、まず槍でドラゴンに致命傷を与え、そのあとアスカロンでとどめを刺したということらしい。この槍の名は不明だが、ドラゴンに致命傷を与えるあたり、アスカロンよりも強力なものだったのかもしれない。

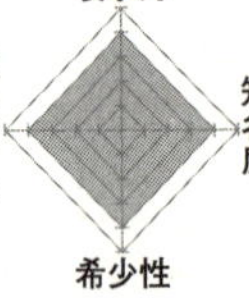

総合評価　B

備考　ドラゴンを退治した剣

分類

キリスト教の伝説

ヨーロッパで広く用いられた片手剣

ブロードソード

レイピア全盛期に誕生した剣

17世紀に誕生した両刃の剣。全長は70～80センチほど。片手で扱うことができ、相手を打ち斬るようにして用いられた。また、柄に拳を守るガードが付けられている場合も多い。

17世紀を代表する剣刀のひとつで、19世紀には騎兵用の剣としても広く用いられるようになる。この場合の用法も基本的には地上で扱うのと同じで、馬上からすれ違いざまに振り下ろすように攻撃した。

なお、ブロードソードという名称には「幅広の剣」という意味があるが、中世初期の剣などと比べると、ブロードソードの刃はそれほど広いというわけではない。では、なぜこの名がついたかというと、当時は細身の「レイピア」（42ページ）が全盛だったことに起因している。つまり、レイピアよりも幅の広い刃を持つ剣という意味なのだ。

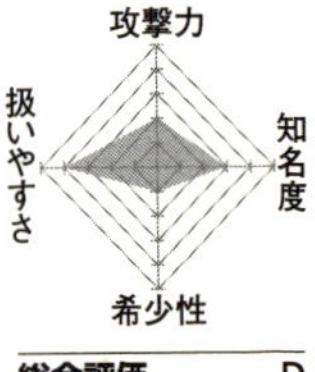

総合評価	D
備考	—

分類
史実

片手、両手のどちらでも扱える長剣
バスタードソード

斬ることにも突くことにも適した万能剣

長い柄を持ち、片手と両手のどちらでも扱うことのできる長剣。13世紀ころにスイスで誕生し、その後ドイツやイギリスなどでも使用されるようになった。全長は1・56～1・6メートル、重量は2・5～3キログラム程度。防御を重視するなら盾の持てる片手剣、威力を重視するなら力のある一撃を加えられる両手剣といったように、状況に応じて使い分けることができる。

バスタードには「雑種」や「私生児」という意味があるが、これはこの剣が片手剣と両手剣の両方の特性を備えていたことに由来するとされる。また、当時は斬ることに適した剣をゲルマン系、突くことに適した剣をラテン系と呼んだが、バスタードソードはこのどちらにも適していた。そのため、このような名前がつけられたとする説もある。

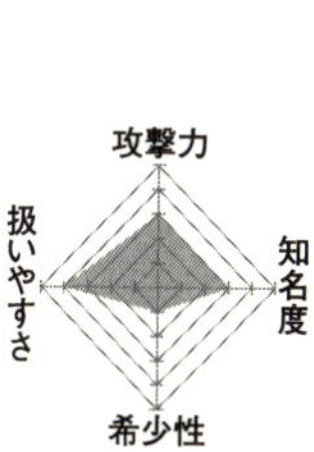

総合評価　C
備考
—

分類
史実

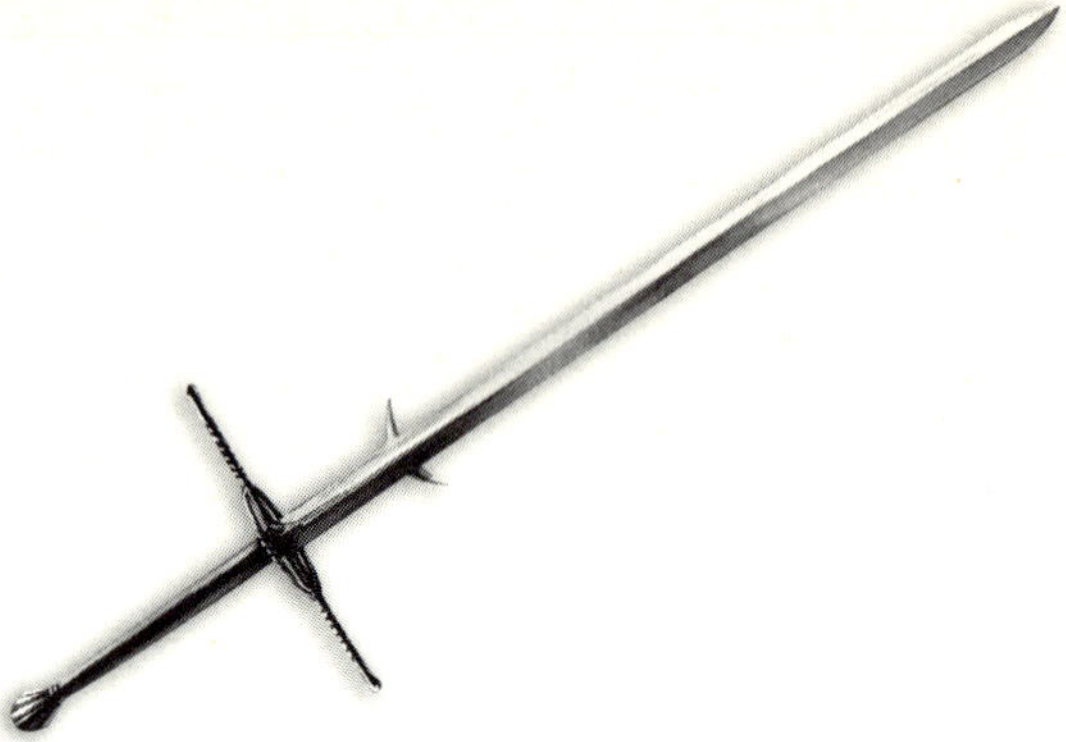

2メートルを超える長さの大剣

トゥ・ハンド・ソード

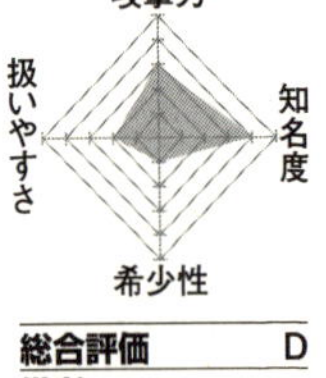

総合評価	D
備考	—

分類
史実

傭兵部隊ランツクネヒトも愛用した剣

両手で使うことを目的とした大剣。13世紀ごろにドイツで誕生し、その後、15世紀中ごろから16世紀末にかけて広く用いられるようになる。その全長は、長いものだと2・5メートルもあり、剣を振った際には、いわゆるテコの原理で大きな威力を与えることができた。

ただし、大きすぎるゆえに俊敏性に欠け、うまく扱いこなすには相当な鍛錬が必要であった。また、これだけ長いと当然ながら腰に差すことはできないため、普段は背負って持ち運ぶことが多かったようだ。

重量があり、俊敏性に欠けることから、1対1の決闘よりも、槍を構えた敵の隊列を攻撃するために用いられたと考えられている。実際、15~16世紀に活躍したドイツの傭兵部隊ランツクネヒトは、ずらりと並んだ槍兵を、この剣でなぎ払い、陣形を破ったといわれている。

スコットランドの戦士たちが愛用した大剣

クレイモア

特徴的な鍔を持つ両手剣

スコットランドの戦士ハイランダーが使用したことで知られる両手剣。ハイランダーとはスコットランドの高地に住む人々のことで、非常に屈強な戦士として知られる。彼らはおもに傭兵として戦いに参加し、他のヨーロッパ諸国の人々も認めるほどの勇猛さを誇った。

クレイモアという名称は、ゲール語で「巨大な剣」を意味する「クラゼヴォ・モル」を語源としている。斬ることに重きを置いた剣で、その全長は長いもので2メートルにもなる。

クレイモアが誕生したのは15世紀ごろと見られ、特に鎧を重視しなくなった16世紀以降に多く用いられるようになった。形状の特徴としては、鍔《つば》が刀身側へ傾斜しており、その先端には複数の輪からなる飾りが施されているほか、刀身に飾り文字が彫られているものもある。

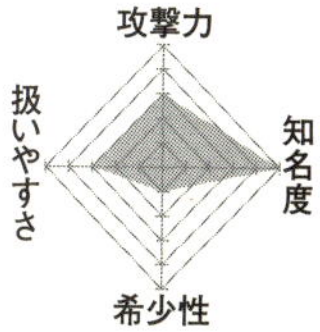

総合評価	C
備考	—

分類
史実

古代ローマの戦士たちが用いた剣

グラディウス

ローマ帝国の繁栄を支えた片手剣

紀元前7世紀から4世紀ごろまで使われた片手用の剣。グラディウスとはラテン語で「剣」を意味し、一般的にはこの時代の歩兵たちが用いた剣のことを指す。古代ローマ帝国の歩兵たちが用いたことでも知られ、これは起源がヒスパニアであることから、「グラディウス・ヒスパニエンシス」と呼ばれた。また、共和政ローマ末期には「スパタ」とか「セミスパタ」と呼ばれることもあった。

グラディウスの全長は70~80センチ程度で、身幅が広く、先端は鋭く尖っている。また、柄の部分は木や象牙、動物の骨などで作られていた。片手で使用するため小ぶりで、重量も1キログラム程度と軽めになっていた。基本的には斬るよりも突くことを目的としており、古代ローマでは歩兵のほかに剣闘士たちも用いたとされている。

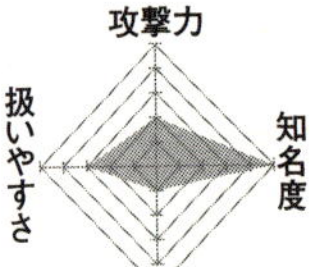

総合評価 C

備考

—

分類

史実

弧を描く刀身が特徴の刀

ファルシオン

叩き斬ることを目的とした頑丈な刀

10世紀から17世紀にかけて用いられた、広い身幅を持つ片刃の曲刀。ファルシオンはフランス語読みで、日本では英語読みの「フォールション」と表記される場合もある。打ち斬り用の刀で、長さは70～80センチと短めながら、重量は1・5～1・7キログラムとやや重めになっている。これは、当時の鎧が隙間のない「プレートアーマー」（204ページ）が主流であったことから、すばやく斬り裂くよりも、鎧ごと叩き斬る強度と威力を必要としたためである。

ファルシオンの最大の特徴は、ゆるやかな弧を描く刀身で、これは北欧に伝わるサクスにその起源があるとされる。サクスは紀元前の青銅器時代から存在していた短剣で、ゲルマン系の民族であるサクソン人たちが長剣とともに携帯していたとされている。

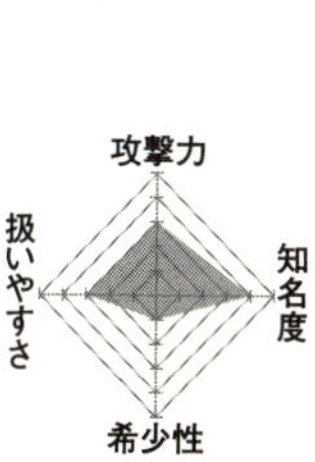

総合評価	C
備考	—

分類
史実

勇猛なヴァイキングたちが愛用した剣

ヴィーキングソード

独自の技術で産み出された長剣

中世ヨーロッパにおいて北欧のヴァイキングたちを中心に使われた剣。全長は60～80センチほど。肉厚の身幅を持つ非常に重い剣で、この重量を生かして叩きつけるように攻撃する。

ヴァイキングたちは、優れた航海術と軍事技術を持っていたことで知られるが、彼らがこうした高い技術を持ちえたのは、もともと通商や貿易を生業としていたことが背景にある。ヴァイキングたちは異民族との交流を通じて、その技術をとり入れ、独自に発展させたのだ。

ヴィーキングソードもこうした技術により誕生した剣で、その製法には「模様鍛接」という技術が用いられていた。なお、この剣を毒蛇に見立てる描写も多いが、これはこの模様鍛接という処理によって剣に浮かび上がる模様がまるで蛇のようだったからとされている。

総合評価	D
備考	—

分類
史実

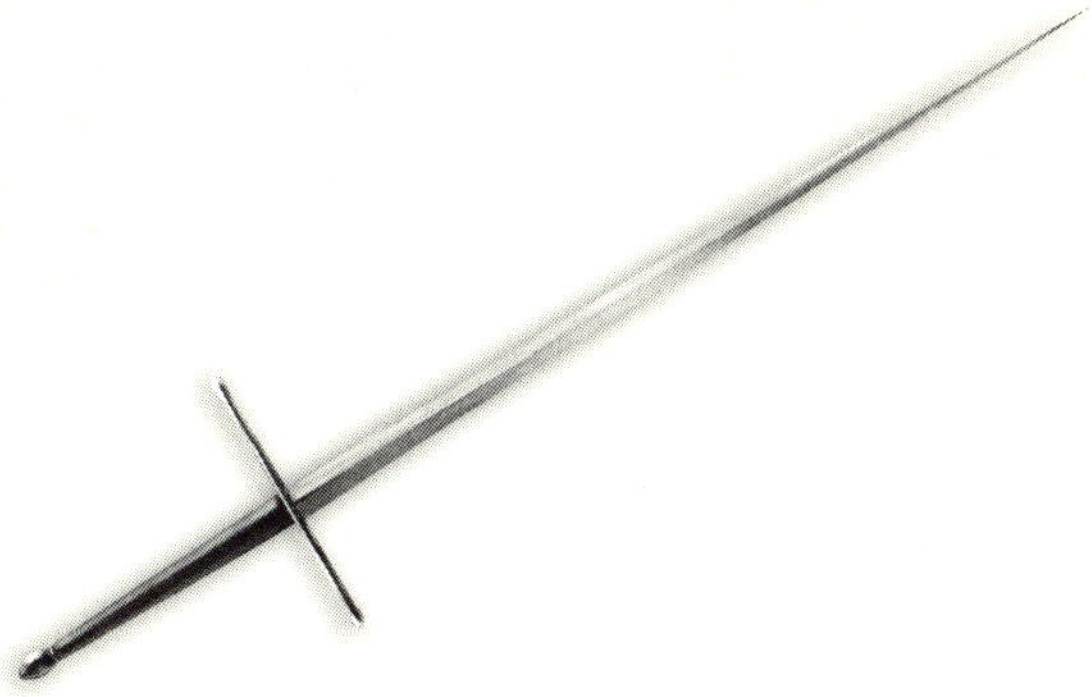

ヨーロッパ全土で使用された剣

エストック

突くことを目的とした細身の剣

エストックは細身の刀身を持った、いわゆる突き刺すことを目的とした剣である。その誕生は13世紀ごろと見られ、おもに騎兵用の補助武器としてヨーロッパ全土で広く使用された。

全長は80センチ～1・3メートル、重さは0・7～1・1キログラム程度。両刃を備えており、その断面は菱形状になっている。また、先端は鋭く尖っている。エストックの身幅がこのように極端に細くなっているのは、当時用いられていた「チェインメイル」（205ページ）に対抗すべく、その隙間を狙って攻撃することを目的としているためである。なお、エストックはフランス語読みで、英語では「タック」と表記される。また、ドイツではこのスタイルの武器は「パンツァーシュテッヒャー」（鎧通しの意）と呼ばれた。

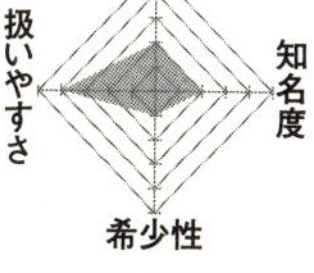

総合評価　D

備考

—

分類

史実

レイピア

扱いやすさを重視した細身の剣

17世紀初頭に全盛を迎える

真っ直ぐな刀身と鋭い先端を持つ、突き刺すことを目的とした細身の剣。全長は80センチ～1・2メートル、重さは1・5～2キログラム程度。装飾を施した柄や、手の甲をガードする金属板などが取り付けられていることが多い。

レイピアの語源は、フランス語の「エペ・ラピエル」で、エペは剣、ラピエルは刺突を意味する。刺突を主とした剣の代表格で、16世紀にフランスで誕生し、その後スペインで「エスパダ・ロペラ」という名前で発展。次にイタリアへ渡り、これを経由して17世紀初頭にフランスに戻って広まった。このころは、火器の発達により鎧が重要視されなくなってきた時期であったため、次第に軽くて扱いやすい剣が主流となり、こうした特性を備えたレイピアは全盛を迎えることとなる。

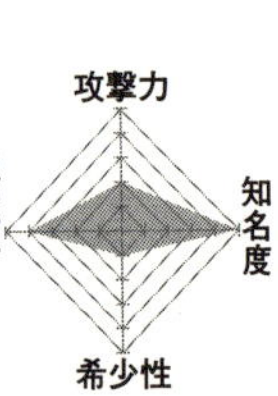

総合評価	C
備考	—

分類
史実

ダガー

ナイフ型の短剣の総称

現代でも用いられる短剣

全長30センチほどの短剣の総称。一口にダガーといってもその形状はさまざまで、特に13世紀以降のヨーロッパでは、イアードダガーやキドニーダガー、ダークといった多くの種類が登場した。

ダガーの最大の利点は、コンパクトで軽量な点にある。刀身が短く、主力武器としては心もとないが、補助武器としては非常に勝手がよい。また、持ち運びが容易なため、護身用としてつねに身につけておけるのも大きな利点といえるだろう。

なお、ダガーの名称は、古フランス語の「ダグ」に由来し、これをさらにさかのぼると、ラテン語の「ダカエネシス」にたどり着くとされる。ダカエネシスは「ダキア人の」という意味があることから、その発祥はダキア人の住むルーマニアにあるとも考えられる。

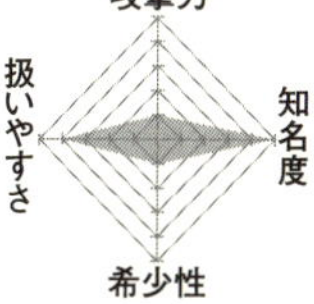

総合評価	C
備考	—

分類
史実

アロンダイト

円卓の騎士ランスロットの持つ剣

総合評価　C

備考
最強の騎士ランスロットの剣

分類
アーサー王伝説

エクスカリバーに匹敵する名剣

「アーサー王伝説」に登場する円卓の騎士ランスロットの剣。ランスロットはアーサー王に仕えた円卓の騎士のなかでも、最強と称される凄腕の剣士であった。

　ランスロットがこの剣を入手した経緯は不明だが、多数の敵を斬っても刃こぼれひとつしなかったとされていることから、かなりの名剣であったことは間違いない。また、ランスロットは訳あってアーサー王と対立するのだが、このときも「エクスカリバー」（12ページ）を持つアーサー王と互角の勝負を演じている。

　ランスロットは強大な魔力を持つヴィヴィアンに育てられていることから、ひょっとするとアロンダイトには彼女の魔力が込められていたのかも知れない。

ガラティン

円卓の騎士ガウェインの剣

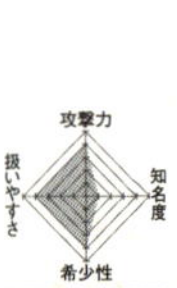

総合評価　C

備考
妖精による加護を受けた剣

分類
アーサー王伝説

人々に愛されたガウェイン

「アーサー王伝説」に登場する円卓の騎士ガウェインの持つ剣。アーサー王の持つ「エクスカリバー」（12ページ）と同じく、妖精による加護を受けた剣であったとされるが、その具体的な効果などはわからない。

　ガウェインはアーサー王の甥にあたる人物で、傷つくことを恐れない勇敢な男であったとされる。また、朝から正午までは力が三倍になるという不思議な能力の持ち主で、ランスロットと並んで円卓の騎士の中心的存在であった。

　強情だが忠義に厚いガウェインは、「アーサー王伝説」の母国イギリスの人々からも愛され、彼を主人公とした『ガウェインと緑の騎士』なる物語もある。

ローランの親友オリヴィエの剣

オートクレール

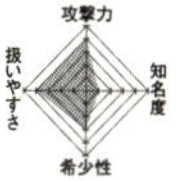

総合評価　C

備考
数多くの敵を打ち倒した名剣

分類
ローランの歌

誇り高きローランの盟友

11世紀にフランスで書かれた叙事詩『ローランの歌』に登場する剣。フランク国王シャルルマーニュに仕えた12臣将のひとりで、ローランの親友でもあるオリヴィエが所有する。数多くの敵を倒した名剣で、その柄には輝くばかりの水晶が埋め込まれていたという。

物語のなかでオリヴィエは、ローランとともに、さまざまな戦いに参戦。幾度となく、ローランの危機を救う活躍を見せる。また、最後までローランに付き従い、彼とともに名誉の戦死を遂げた忠義の士でもあった。

オートクレールには「気高く清らかなもの」との意味があるが、オリヴィエは、その剣の名に相応しい誇り高き信念を持った人物であったといえよう。

フランク国の王シャルルマーニュの愛剣

ジュワユーズ

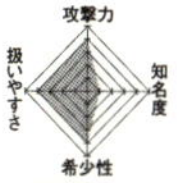

総合評価　C

備考
日に30回彩りを変える魔法の剣

分類
ローランの歌

彩りを変える魔法の剣

叙事詩『ローランの歌』に登場する剣。フランク国の王シャルルマーニュが父ピピンから譲り受けたもので、日に30回彩りを変える魔法の剣であったとされる。また、一説によると、その柄にはキリストの処刑に用いられた、「ロンギヌスの槍」（１１０ページ）の破片が埋め込まれているという。

シャルルマーニュは7～8世紀に実在した王で、生涯で53回もの軍事遠征を行ったことで知られている。ジュワユーズは、彼の亡骸とともに埋められているとも、サン・ドニ大聖堂に保管されていたが、フランス王の戴冠式に用いられたのちルーブル美術館に移されたともいわれているが、真相は不明である。

勝利の剣

戦場を自在に飛び回る無敵の剣

総合評価　B

備考
持ち主の意志に反応する剣

分類
北欧神話

剣を手放したことで命を落とす

「北欧神話」に登場する太陽神フレイの持つ剣。この剣は、持ち主が望むと、みずから鞘から抜け出し、戦場を自在に飛び回って敵を攻撃するという力を持っていた。また、この剣に切り裂けないものはなく、その刃の輝きは太陽にも劣らなかったという。

これほど強力な剣であったが、巨人族の娘ゲルダに心を奪われたフレイは、彼女と結ばれたい一心で大切なこの剣をあっさりと手放してしまう。

その後、神々と巨人族との最終決戦であるラグナロクが起こるが、剣を手放したフレイは代わりに鹿の角で戦うはめになり、結果として命を落としてしまうのである。

フラガラッハ

光の神ルーの持つ最強の剣

総合評価　B

備考
持ち主の意志に反応する剣

分類
ケルト神話

「アンサラー」の別名を持つ光の剣

「ケルト神話」に登場する光の神ルーの武器といえば、魔槍「ブリューナク」（125ページ）が有名だが、彼はそのほかに、もうひとつ強力な武器を持っていた。それが、このフラガラッハである。

「アンサラー」の別名を持つこの剣は、ルーの意志で自然に鞘から抜け、敵に反応して自動的に戦うことができた。また、どんなに硬いものでも切り裂くことが可能なうえ、その刃の輝きには敵の戦意を失わせる効果があったという。

自動的に戦うところなど、「北欧神話」の太陽神フレイの持つ勝利の剣にそっくりだが、もしかすると、両者はどこかでつながっていたのかも知れない。

光り輝く刀身を持つ不敗の剣

クラウ・ソラス

総合評価　B
備考
眩い光を放つ剣
分類
ケルト神話

ダーナ神族の王・ヌアザの持つ魔法の剣

「ケルト神話」に登場する魔剣。一般的には、ダーナ神族の王ヌアザの持つ剣の名とされることが多く、「ダグザの大釜」（243ページ）、「ブリューナク」（125ページ）、「リア・ファル」（244ページ）などと並ぶ、ケルトの神々が所有する4大秘宝のひとつに数えられている。

　クラウ・ソラスには「光の剣」や「炎の剣」との意味があり、その刀身は眩いばかりに光輝いていた。そのため、一度鞘から抜かれると、その眩い光によって敵の目を眩ますことができたという。また、どんな相手も一振りで打ち倒すことができたと伝えられることから、「不敗の剣」と表現されることも多い。

亡霊を退治した名剣

カールスナウト

総合評価　C
備考
亡霊を斬ることができる
分類
北欧の伝承

北欧の伝承に登場する剣

北欧の伝承『グレイティル・アースムンダルソンのサガ』に登場する、勇者グレイティルの持つ剣。ノルウェーにあるハーラマルセイ島の首長ソルフィンから授かった剣で、グレイティルはこの剣を使い、グラームという亡霊を退治した。また、グレイティルはカールスナウトのほかに、母から授かったヨクルスナウトという剣も持っており、こちらでも墓塚の亡霊や化け物じみた熊などを退治している。

　このように数々の魔物を倒したグレイティルだが、グラームとの戦いですべての運を失うという業を背負ってしまう。そして、最後はドラングという島で敵に追い詰められ、命を落としてしまうことになった。

勇者ベオウルフに与えられた剣

フルンティング

王家に伝わる名剣のはずが……

叙事詩『ベオウルフ』に登場する剣。デネの国（デンマーク）に古くから伝わる名剣で、その刀身は血をすするごとに堅固になっていくという。この剣は、英雄ベオウルフが、呪われし怪物グレンデルの母親と対決することになった際に、デネの王フロースガールより貸し与えられたものだ。

さて、せっかく貸してもらったこの剣だが、グレンデルの母親には、まったく効かなかった。結局、ベオウルフは素手で格闘することになり、最終的には海底で見つけた別の剣で母親を倒すことになる。「血をすすり堅固になる」という大層な謳い文句がついていたわりには、なんとも冴えない剣であった。

総合評価 D

備考
血をすすり堅固になる剣

分類
ベオウルフ

デンマーク王家に伝わるもっとも頑丈な剣

スクレップ

地中に隠されていた名剣

デンマークの歴史書『ゲスタ・ダノールム』に登場する、デンマークの王子ウッフォが、サクソン族の王子と決闘する際に用いた剣。

ウッフォの父ヴェルムンドは、決闘に備えて多数の剣を準備するが、ウッフォはあまりにも強靭な肉体を持っていたため、すべて一振りしただけで壊れてしまう。そこでヴェルムンドは、これまでよからぬ者の手に渡るのを恐れて地中に埋めていた、名剣スクレップを息子に手渡す。

スクレップは錆びついていたが、決闘の場でウッフォが振るうと、その力を発揮し、サクソン族の王子の身体を真っ二つに切り裂いたという。

総合評価 C

備考
丈夫な剣

分類
ゲスタ・ダノールム

アゾット剣

悪魔を宿した短剣

偉大な錬金術師の持つミステリアスな短剣

16世紀ごろに活躍した、ドイツの偉大な錬金術師パラケルススが持っていた短剣。その柄頭には水晶がはめ込まれており、そこには一匹の悪魔が封じ込まれていたとされる。パラケルススは必要に応じて悪魔を呼び出し、使役することができたという。

また、その鍔《つば》には象牙でできた容器が詰め込まれており、その中には万能薬としても使われる「賢者の石」（235ページ）が入れられていたともいわれる。

これらの逸話が真実であるかどうかは定かでないが、パラケルススはこの短剣を肌身離さず持ち歩いていたというから、彼にとってよほど大切なものであったことは間違いないようだ。

総合評価　D

備考
賢者の石が入っていたとも

分類
伝説

つらぬき丸

魔物の存在を感知する短剣

ファンタジー大作『指輪物語』に登場する剣

J・R・Rトールキンの小説『ホビットの冒険』や『指輪物語』に登場する短剣。エルフによって作られた魔法の短剣で、魔物が近づくと刃が輝いて持ち主に教えてくれる効果がある。

この短剣は『ホビットの冒険』において、ホビット族のビルボ・バギンズが、魔法使いのガンダルフらとともに、怪物トロルを倒して手に入れた。エルフや人間にとっては短剣だが、ホビットのビルボにとっては剣としてちょうどいい大きさであったため、これ以降、彼はこの剣を愛用することとなる。

なお、この剣は、その後の『指輪物語』にて、彼の甥であるフロドに与えられた。

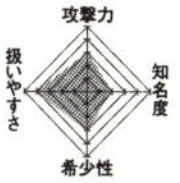

総合評価　C

備考
魔物を感知すると刃が光る

分類
指輪物語

•COLUMN•

アーサーだけじゃない！ヨーロッパの英雄王

ヨーロッパには、アーサー王以外にも伝説的なエピソードを持つ名高い王たちが数多く存在している。ここでは、そうした王のなかから、特に有名な4人を紹介しよう。

アレクサンドロス大王
(前356～前323年／ギリシャ)

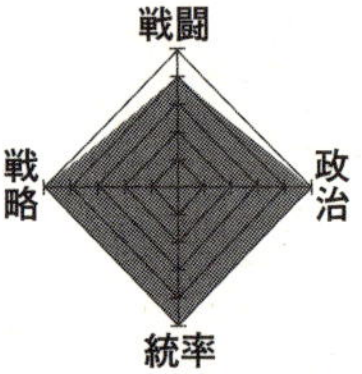

抜群の軍事能力を持つ英雄王。若干20歳でマケドニア王に即位すると、ギリシャ全土はもちろんのこと、エジプト、中央アジア、インドなどを次々と征服。空前の大帝国を建設した。

アウレリアヌス
(212～217年／ローマ)

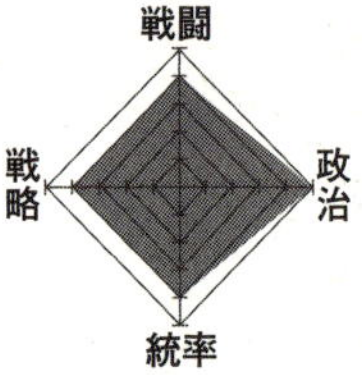

ローマ史上もっとも有能な皇帝と称される人物。在位はわずか5年ながら、すぐれた手腕で凋落の危機にあったローマ帝国を再建。彼の施策によりローマ帝国の存続は200年延びたといわれる。

レオニダス
(生年不詳～前480年／スパルタ)

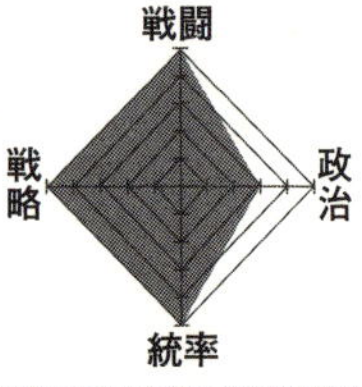

映画『300＜スリーハンドレッド＞』でもお馴染みのスパルタの王。国を守るため、わずか300人の兵士とともに、20万のペルシャ軍と対戦。互角以上の死闘を演じたのち、壮絶な最期を遂げる。

リチャード一世
(1157～1199年／イングランド)

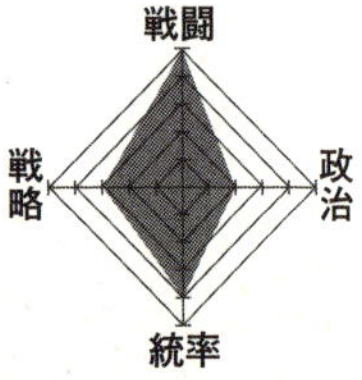

その勇猛さから「獅子心王」と呼ばれたイングランドの王。聖地エルサレムの奪還を目的とした十字軍に積極的だった王で、特にイスラムの将軍サラディンとの死闘は後世に名高い。

第二章

東洋の刀剣

人の英知で鍛えあげられ、伝説となった東洋の刀

第二章では、東洋――おもに日本と中国に伝わる刀剣を紹介していく。両刃の剣が普及した西洋に対し、東洋では片側にのみ刃の付いた刀が広く発達し、戦いにおける中心的な存在となっていった。

とはいえ、東洋において剣がまったく使われなかったというわけではない。古代においては、刀よりも剣のほうが主流であり、神話に登場する神々や英雄たちの武器も剣であることが多かった。その理由は西洋と同じで、鉄の精錬技術が未熟であった古代においては、刀身の厚い剣のほうが有効であったためであろう。

また、剣を王位や力の象徴とする点も西洋と同様で、神話の時代より皇室に伝わる草薙剣《くさなぎのつるぎ》はその代表格である。

刀がもっとも発達したのは日本で、特に平安時代以降は「名物《めいぶつ》」と称される数々の名刀が誕生している。こうした刀を作ったのは、「刀工」と呼ばれる職人たちで、

なかでも、鎌倉時代に活躍した正宗や「大般若《だいはんにゃ》」と呼ばれる名刀を鍛えあげた長光などは、優れた刀工として現代でも広くその名を知られている。

刀工たちは砂鉄を用いた独自の製法により良質の鋼を生み出すと、これを鍛えて高い強度と切れ味を誇る日本刀を作りあげた。この鋼は、「和鋼」もしくは「玉鋼」と呼ばれ、諸外国と比べても、極めて不純物の少ない、強固なものであったという。

日本刀が、あらゆる刀剣のなかで最高峰の逸品と謳われることがあるのも、こうした優れた鋼を材料としているためである。

さて、西洋の剣と同じように、日本における刀も、単なる武器以上の神聖な存在とされた。日本刀を指して「武士の魂」としたことなどは、それをよく示すエピソードといえよう。また、刀を用いて妖怪などのものの怪《け》を退治する逸話も数多く残されていることから、日本刀には悪しきものを追い払う魔除けとしての一面もある。

刀工たちの知恵と技術の結集により生み出され、その威力から人々の信仰の対象となるまでになった日本刀。こうした点は、西洋における名剣の多くが、神々などの人知を超えた力により生み出されたのとは非常に対照的だ。

日本刀とは、いわば日本人の文化と精神性を体現した武器であるのだ。

三種の神器における武力の象徴

草《くさ》薙《なぎの》剣《つるぎ》

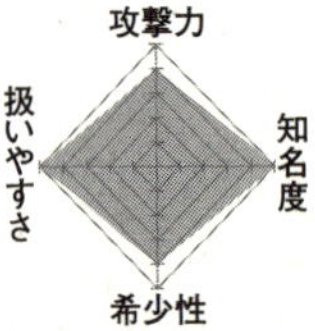

総合評価	A
備考	三種の神器に数えられる、天皇の武力の象徴
分類	史実

日本神話でもっとも有名な剣

草薙剣については、江戸時代の書物『玉籤集《ぎょくせんしゅう》』にこう記されている。

長さ二尺七寸～八寸（約82～85センチ）。刃先は菖蒲の葉に似ていて、中程度に厚みがあり、柄のほうの八寸は節くれたって魚の背骨のようだと。本邦において、もっとも有名な剣といっても過言ではない草薙剣だが、実は、その詳細については謎の部分が多い。

剣にまつわるふたりの英雄

そんな草薙剣を理解するうえで、キーパーソンとなるふたりの英雄、スサノオとヤマトタケルのエピソードを中心に、草薙剣の詳細に迫ってみよう。

スサノオは、日本神話に登場する一柱の神であり、『古事記』では、神産みにおいて、イザナギが黄泉の国から戻って禊を行った際に鼻をすすいだことにより産まれたとされている。

性格は非常に多面的であり、高天原を追放されるまでは、粗暴かつ無法な神の側面が色濃く出ているが、出雲へ降りてからは、ヤマタノオロチ退治などに代表される、英雄的な側面が色濃くなっている。この性格の多面性については、出雲の優秀な産鉄民（鉄を作る技術を持つ人々）を平定した象徴という説と、多数の神が習合して、スサノオという神格が創造されたという説、そして単にスサノオの成長という説がある。

もう一方のヤマトタケルは、景行天皇の皇子で、仲哀天皇の父、もしくは、4世紀から7世紀ごろの複数の大和の英雄を具現化した架空の人物とされる、日本神話に登場する英雄である。

なぜ、このふたりがキーパーソンかというと、ふたりが草薙剣の所有者であるからだ。

スサノオはヤマタノオロチを退治した際に、その尾から出た一振りの太刀、天《あまの》叢《むら》雲剣《くものつるぎ》、つまり、のちの草薙剣を日本神話に登場させた英雄であり、その天叢雲剣の実際に使い、王権に仇なす者と戦い、天叢雲剣に草薙剣と名を与えた英雄がヤマトタケルである。

ちなみに、なぜヤマトタケルが天叢雲剣に草薙剣という名を与えたかというと、ヤマトタケルが東征を行った際に、途上の駿河で野火による難を天叢雲剣により払ったからという説が有力である。

また、この剣の名称については、さまざまな説があり、前述した野火による難を払った、つまり、「草を薙いだ剣」という説と、クサは臭、ナギは蛇の意で、原義は「蛇の剣」という説もある。

時代を経て、スサノオからヤマトタケルへと受け継がれた草薙剣は、ヤマトタケルの死後、尾張の熱田神宮へと奉納され現在へと至っている。

数多くの謎を秘めた神秘の剣

草薙剣は今現在も熱田神宮で御神体として奉納されている可能性が高いが、実は、その所在についてはいまだ不明な部分が多い。

歴史を紐解くと、熱田神宮から草薙剣が盗み出されたという記録を見つけることができるが、その後、無事に返還されている。さらに、江戸時代においては、神官が草薙剣を熱田神宮で盗み見たとの記録も残されている。

一方でこの熱田神宮奉納説以外に、壇ノ浦水没説と宮中安置説もある。しかし、どの説にも確証がないのが現状である。

いずれにしても現在、草薙剣を確認することは不可

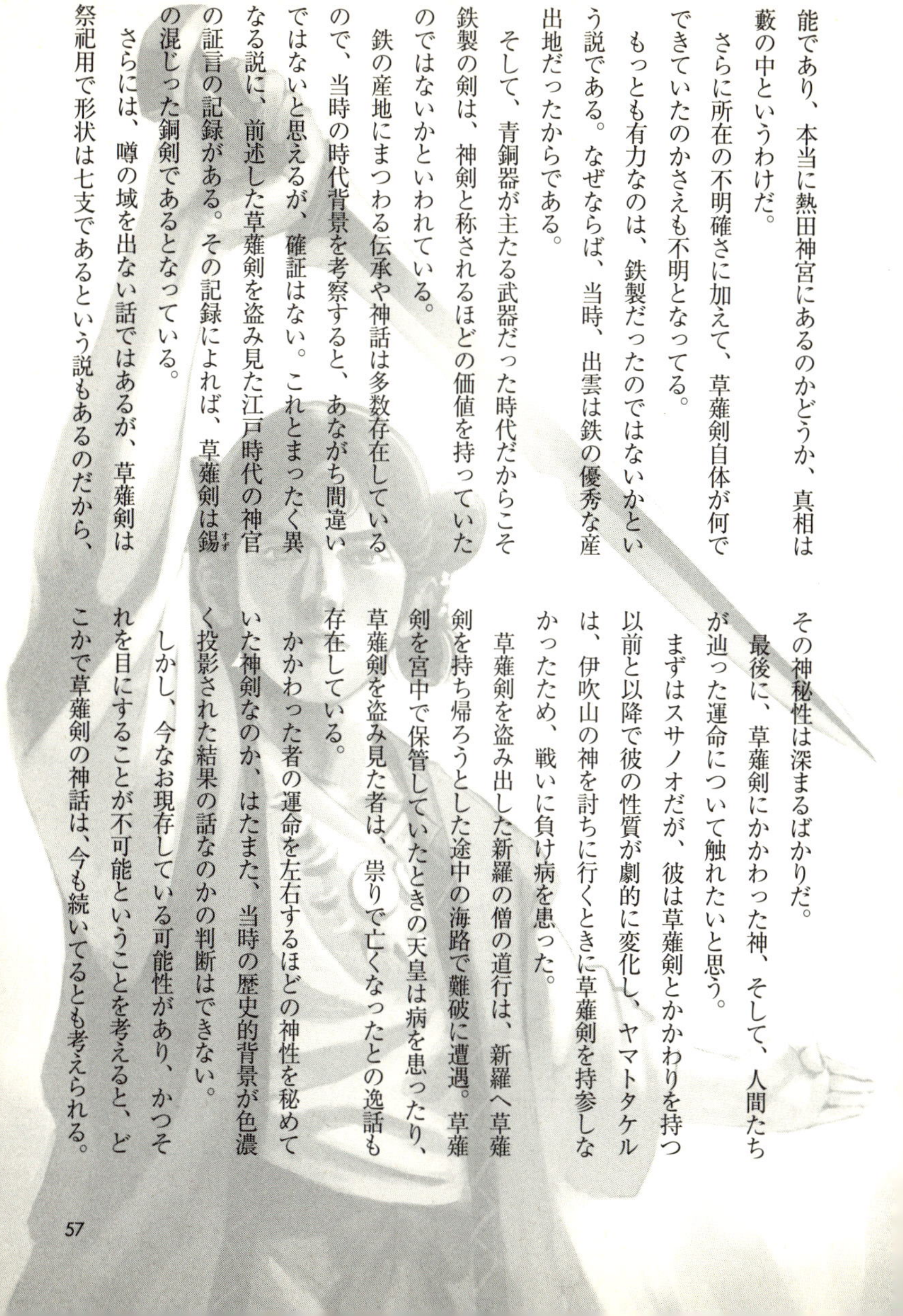

能であり、本当に熱田神宮にあるのかどうか、真相は藪の中というわけだ。

　さらに所在の不明確さに加えて、草薙剣自体が何でできていたのかさえも不明となってる。

　もっとも有力なのは、鉄製だったのではないかという説である。なぜならば、当時、出雲は鉄の優秀な産出地だったからである。

　そして、青銅器が主たる武器だった時代だからこそ鉄製の剣は、神剣と称されるほどの価値を持っていたのではないかといわれている。

　鉄の産地にまつわる伝承や神話は多数存在しているので、当時の時代背景を考察すると、あながち間違いではないと思えるが、確証はない。これとまったく異なる説に、前述した草薙剣を盗み見た江戸時代の神官の証言の記録がある。その記録によれば、草薙剣は錫《すず》の混じった銅剣であるとなっている。

　さらには、噂の域を出ない話ではあるが、草薙剣は祭祀用で形状は七支であるという説もあるのだから、その神秘性は深まるばかりだ。

　最後に、草薙剣にかかわった神、そして、人間たちが辿った運命について触れたいと思う。

　まずはスサノオだが、彼は草薙剣とかかわりを持つ以前と以降で彼の性質が劇的に変化し、ヤマトタケルは、伊吹山の神を討ちに行くときに草薙剣を持参しなかったため、戦いに負け病を患った。

　草薙剣を盗み出した新羅の僧の道行は、新羅へ草薙剣を持ち帰ろうとした途中の海路で難破に遭遇。草薙剣を宮中で保管していたときの天皇は病を患ったり、草薙剣を盗み見た者は、祟りで亡くなったとの逸話も存在している。

　かかわった者の運命を左右するほどの神性を秘めていた神剣なのか、はたまた、当時の歴史的背景が色濃く投影された結果の話なのかの判断はできない。

　しかし、今なお現存している可能性があり、かつそれを目にすることが不可能ということを考えると、どこかで草薙剣の神話は、今も続いてるとも考えられる。

徳川家を呪った妖刀
村《むら》正《まさ》

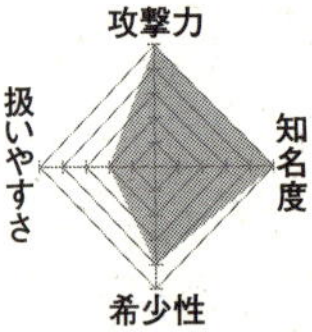

総合評価	B
備考	日本刀だけではなく、小刀や槍もある
分類	史実

恐ろしいほどの切れ味を誇った刀

村正は、伊勢桑名で活躍した刀工の名前、および制作された刀を示している。

斬るということのみを追求して作られた刀である村正の切れ味は群を抜いており、そのため、武芸に通じる者たちに人気であったといわれている。現代風にいうならば、見た目よりも機能性を重視した刀であるといえるだろう。

徳川家に災いを呼んだ妖刀

村正が有名になった最大の理由は、「妖刀」と言われたためである。

徳川家康の祖父である、松平清康が家臣である阿部弥七郎に斬り殺された刀、父である松平広忠が家臣である岩松八弥に刺されたときの脇差し、嫡男である松平信康の切腹の際の介錯刀、徳川家康が負傷した原因となった槍など、徳川家の惨事にかかわったそのほとんどの刀や槍が村正であったことが、村正をして、徳川家を呪った妖刀といわしめた理由とされている。

そのため、徳川家に縁がある者からは忌み嫌われたが、徳川家に反感を抱いていた、真田幸村や由井正雪、幕末の倒幕派の維新志士達は、好んで村正を使用していたと伝えられている。

しかし、徳川家にその人ありと謳われた本多忠勝が使用していた「蜻蛉切《とんぼきり》」（106ページ）も、村正作

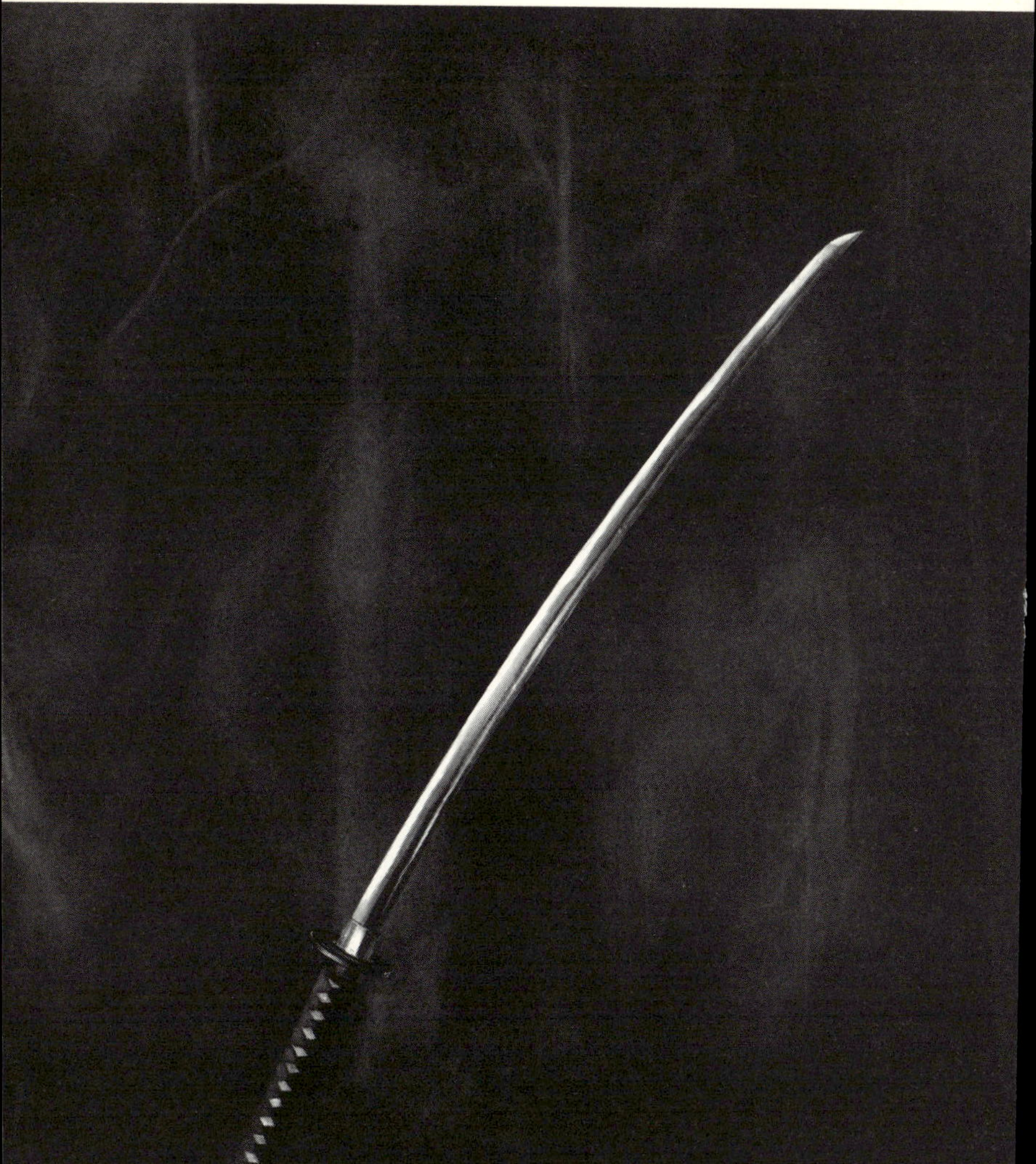

であるといわれており、徳川家を呪ったというわけではなく、その当時の武人達が、その切れ味を認め、村正が幅広く普及していた結果、偶然徳川家の悲劇に関係することになったと考えるのが、現在は妥当な見解とされている。

ところが、戦前において、村正に関するおもしろいエピソードが科学雑誌『ニュートン』に記されているので、その内容をかいつまんで紹介したいと思う。

東北大学の工学博士、本多光太郎氏がさまざまな物を引き切るときの摩擦から、刃物の切れ味を数値化する測定器を制作したところ、関係者がおもしろがって、古今の名刀と称される刀を持ち込み、切れ味を調べてもらっていた。

そのなかに一本だけ、測定値が一定せずに、毎回違う値を測定器がはじき出したという刀があり、その刀を調べてみると、村正だったというのだ。

このことが、何を意味するのかはわからないが、もしかしたら、本当に村正は妖刀ではないのだろうかと思えてしまう。

※刀工・千子村正について

妖刀村正を理解するうえで、刀工である千子村正の来歴やエピソードは必要不可欠である。

村正は、濃州赤坂左兵衛兼村の子と伝わっており、その出身は、赤坂千手院鍛冶とされている。赤坂千手院で修行を終えた村正は、伊勢国桑名で千子派旗揚げ。ここから妖刀村正の歴史は始まったわけである。

このほかに俗説ではあるが、村正が鎌倉時代末期の名工、五郎入道正宗（または岡崎正宗、岡崎五郎入道。「正宗」90ページ）の弟子であったとする説がある。

村正は、室町時代以降に活躍した刀工であり、時代が合致していないので、その可能性は限りなく低いが、そのなかのエピソードに、村正の妖しさをよく表現しているものがあるので紹介しよう。

正宗のもとで、修行に励んでいた村正は、師である正宗とは異なった価値観を刀に見いだしており、より斬れる刀を作りたいという妄執にとらわれていた。

それを危惧した正宗が、村正を呼びだし、川にお互いが作った刀を突き立てさせ、上流に刃を向けさせた。そこに一枚の木の葉が流れてきたのだが、正宗の刀は水だけを斬り、木の葉は脇へと流れたが、村正の刀は、逆に木の葉を吸い寄せ、水とともに斬り裂いたという。

それを見た正宗は村正にこう諭したという。

「斬れるだけでは名刀といえない。必要以上の切れ味にこだわると、それは邪気となって刀に宿り、斬らなくてもいいものまで斬ってしまう」と。

これに対して村正は、「斬れることこそ、刀の神髄。私はそれを追求するのみ」と言い返し、正宗のもとを去ったという。このように、妖刀を思わせるエピソードが村正には多い。

最後に、村正とほかの刀工との関わりに触れよう。

村正は、刀職人の大家である孫六兼元と親交があったとされている。その理由は、村正の遺作のなかに、三本杉（孫六兼元の刀の特徴として顕著なものが三本杉刃紋である）の品が残されていたからである。

さらに、伊勢では二代兼定とも親交があったと伝えられている。

これらの親交関係を考えると、村正は妖刀に魅入られ妄執にとらわれた刀工というよりも、切れ味するどい刀を作る技術に長けた刀工であると、今現在もその名を残す名工たちに認められていたひとりであったのかもしれない。

しかし、逆に村正が常軌を逸した刀工であるがゆえに、名工たちは刀を鍛えることを極めるべく、村正の境地をうかがい知るための親交を結んだとも考えられる。

どちらにしろ村正が優れた刀工であったということは揺るぎない事実なので、刀工たちが集まってきたということだろう。

斬れすぎるがゆえの妖刀なのか、妖刀ゆえに斬れるのか。それについては、実際に村正を使用して戦った者にしか理解できないのかもしれない。

最上大業物がひとつ

虎徹《こてつ》

時代とともに変化する刀

虎徹は、甲冑師・長曽禰興里《ながそねおきさと》が鍛えた刀および、長曽禰興里の刀工時代の入道名（僧侶の名前）のひとつである。虎徹の刀は、一般的には地味なつくりをしていたとされているが、それはその当時の流行であり、実用性の高い刀が好まれていたとする理由からとされている。加えて、その当時は太平の世であったので、槍や弓などの刀以外の需要が低く、本差と脇差以外はほぼ存在していない。

切れ味抜群とされる虎鉄ではあるが、その刀身の反りは極めて浅く、切先が小さく刺突に向いた形状になっている。これはその当時剣道が流行したことにより、斬りつけるよりも突くことのほうが殺傷能力が高いとされていたからである。

ただし、晩年の宝延期には、幕府の政策転換や流行のあおりを受けて、無骨で地味なつくりから、反りが増し優雅な印象を受けるつくりに変化していった。これは脇差にもいえ、身幅が広がり、切先も変化していった。

虎鉄の切れ味と装飾について

虎徹の切れ味は非常に優秀で、試刀家である山野加衛門、勘十郎親子による試し切りにより、その切れ味は証明されている。刀の象嵌銘《ぞうがんめい》（刀の茎に刻まれた文字に、金や銀などで嵌入したもの）には、人間の胴体

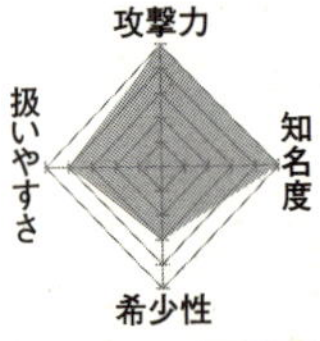

総合評価	B
備考	近藤勇が愛用していたことで有名

分類
史実

を二体から最大四体重ねて一刀両断にしたと記されている。

さらに虎徹は、元来甲冑師であるため、刀身彫刻の名手としても有名で、虎徹にはさまざまな彫刻を施したとされている。

ただしそれは脇差の話であり、本差に凝った彫刻を施してしまうと強度が落ちてしまうので、本差には濃厚な彫刻はほぼ施されていない。

彫刻を刻む際は、虎鉄が好んだ大黒天が多かったといわれており、その意味合いは、戦神としてでの大黒天ではなく、福神として彫られたといわれている。

近藤勇と虎徹

虎徹を理解するエピソードとして、幕末に活躍した新撰組の局長である近藤勇の話を紹介したい。

近藤勇が所有していた虎徹は偽物であるという説があり、そのためか近藤勇の虎鉄の入手方法には、いくつかの説が存在している。

江戸の商人から偽物の虎鉄と知りつつ購入したという説や、豪商である鴻池善右衛門から、賊を退治したお礼にもらい受けたという説。さらに、新撰組の隊長である斉藤一が、市場で見つけた虎鉄を買ってきたという説などがそれにあたる。

しかし、実際の入手方法は、現在もわからないままとなっている。

また、近藤勇と虎徹の関係を確固たるものにした話がある。それが池田屋事件だ。

「今宵の虎鉄は血に飢えておる」のセリフとともに少数で池田屋に乗り込み、攘夷派の志士達を制圧。

その際の戦いは熾烈を極め、ともに乗り込んだ永倉新八や沖田総司の刀は、刃こぼれや折れ曲がったりとボロボロになったが、近藤勇の虎徹のみ損傷がなく、鞘にしっかりと納まったといわれている。そして、この話にも、さまざまな解釈が存在している。

近藤勇の虎徹が無事だったのは、正真正銘の虎徹だったからという説や、近藤勇の卓越した剣術の腕前に

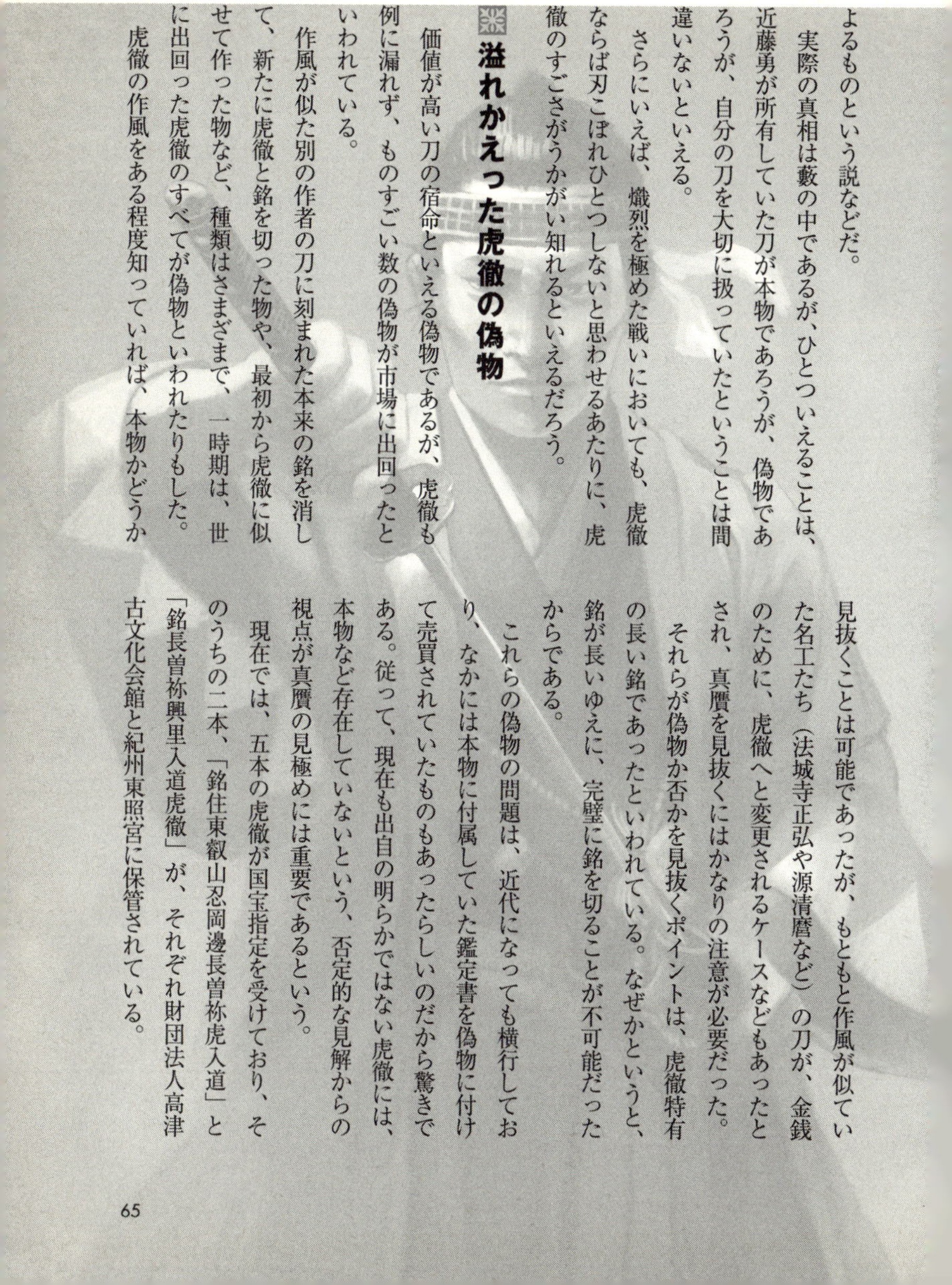

よるものという説などだ。

実際の真相は藪の中であるが、ひとついえることは、近藤勇が所有していた刀が本物であろうが、偽物であろうが、自分の刀を大切に扱っていたということは間違いないといえる。

さらにいえば、熾烈を極めた戦いにおいても、虎徹ならば刃こぼれひとつしないと思わせるあたりに、虎徹のすごさがうかがい知れるといえるだろう。

溢れかえった虎徹の偽物

価値が高い刀の宿命といえる偽物であるが、虎徹も例に漏れず、ものすごい数の偽物が市場に出回ったといわれている。

作風が似た別の作者の刀に刻まれた本来の銘を消して、新たに虎徹と銘を切った物や、最初から虎徹に似せて作った物など、種類はさまざまで、一時期は、世に出回った虎徹のすべてが偽物といわれたりもした。

虎徹の作風をある程度知っていれば、本物かどうか見抜くことは可能であったが、もともと作風が似ていた名工たち（法城寺正弘や源清麿など）の刀が、金銭のために、虎徹へと変更されるケースなどもあったとされ、真贋を見抜くにはかなりの注意が必要だった。

それらが偽物か否かを見抜くポイントは、虎徹特有の長い銘であったといわれている。なぜかというと、銘が長いゆえに、完璧に銘を切ることが不可能だったからである。

これらの偽物の問題は、近代になっても横行しており、なかには本物に付属していた鑑定書を偽物に付けて売買されていたものもあったらしいのだから驚きである。従って、現在も出自の明らかではない虎徹には、本物など存在していないという、否定的な見解からの視点が真贋の見極めには重要であるという。

現在では、五本の虎徹が国宝指定を受けており、そのうちの二本、「銘住東叡山忍岡邊長曽祢虎入道」と「銘長曽祢興里入道虎徹」が、それぞれ財団法人高津古文化会館と紀州東照宮に保管されている。

天下五剣のひとつで、源頼光愛用の刀

童《どう》子《じ》切《ぎり》安《やす》綱《つな》（蜘《くも》切《きり》）

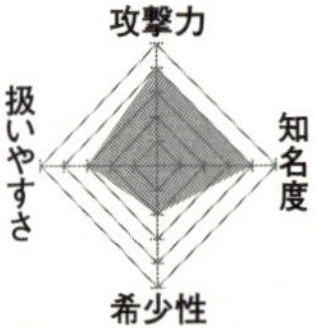

総合評価	C
備考	酒呑童子を討伐した刀

分類
史実

数々の英傑が受け継いだ名刀

現在、東京国立博物館に所蔵されている刃長79・9センチ、反り2・7センチの太刀が、名刀童子切安綱である。童子切安綱は、平安時代の刀工・大原安綱の作であるとされ、清和源氏の嫡流である源頼光が愛用したことで有名で、その後、数多くの英傑の手に渡ったとされている。

源頼光からその子孫へ伝わり、その後足利家や、豊臣秀吉、徳川家康、その息子秀忠、松平忠直（秀忠の娘婿）などの英傑を経て、終戦後も幾人の手に渡ったあと、最終的に国が買い取り、現在に至っている。なお、それまでの所有者のなかには、坂上田村麻呂や新田義貞、織田信長などもいたという説がある。

また、切れ味も抜群であり、作州津山松平家に在りし日に、試し斬りが行われ、町田長太夫なる試し斬りの達人が、6人の罪人の死体を積み重ねて、童子切安綱を振り下ろしたところ、6体の死体を切断しただけではなく、その土台まで刃が到達したといわれている。

酒呑童子討伐と名の由来

童子切安綱が実戦で活躍した逸話として有名なのが、前述した源頼光による、酒呑童子討伐である。丹波の大江山を拠点としていた酒呑童子という鬼が、周囲の村の娘をさらって食らうという悪行を行っていた。あるとき、池田中納言の最愛の娘までもがさ

らわれたことにより、ついに酒呑童子討伐の勅命が下った。そこで抜擢されたのが、当代一の豪傑として名高かった源頼光である。源頼光は、渡辺綱、坂田金時、卜部季武、碓井貞光を連れて石清水八幡、住吉明神、熊野権現へと参拝し必勝祈願をしたのち、山伏に変装して大江山へと向かった。

大江山に向かった源頼光一行は、道中で3人の老人に遭遇する。3人の老人は妻子を鬼にさらわれ、悲惨な思いを味わわされたので、酒呑童子を是が非でも倒してほしいと言い、人間には無害だが鬼には害をなす神便鬼毒酒《じんべんきどくしゅ》、星甲《ほしかぶと》と呼ばれる甲冑を源頼光たちに渡すと、その姿を消してしまった。実はこの3人の老人は、先ほど祈願した石清水八幡、住吉明神、熊野権現、それぞれの化身だったのである。

これにより、源頼光一行は酒呑童子討伐の強力な装備を手に入れたのだ。

大江山に到着した源頼光一行は酒呑童子のもとに辿り着くと、自分たちは道に迷った山伏であると偽り、上手いこと酒呑童子をそそのかし、とり入ることに成功。気分を良くした酒呑童子は、源頼光一行のために酒宴を催し、源頼光一行をもてなした。

そのときに神便鬼毒酒を酒呑童子に飲ませ、眠らせることに成功し、源頼光は酒呑童子を鉄の鎖で縛ると、「大原安綱《おおはらやすつな》」という名の刀で首を刎ねた。酒呑童子討伐成功と思いきや、首だけになった酒呑童子が、最後の力を振り絞り源頼光に襲いかかる。

しかし源頼光は老人たちから授かった星甲を装備していたおかげで酒呑童子の牙を防ぐことに成功。こうして源頼光一行は大江山の酒呑童子討伐を果たし、池田中納言の娘とともに凱旋したのである。

この討伐の成功から、大原安綱が童子切安綱と呼ばれることになったのである。

そのほかの天下五剣

童子切安綱は、「大典太光世《おおてんたみつよ》」、「鬼丸国綱《おにまるくにつぐ》」、「三日《みか》月宗近《づきむねちか》」、「数珠丸恒次《じゅずまるつねつぐ》」とともに、「天下五剣」に数

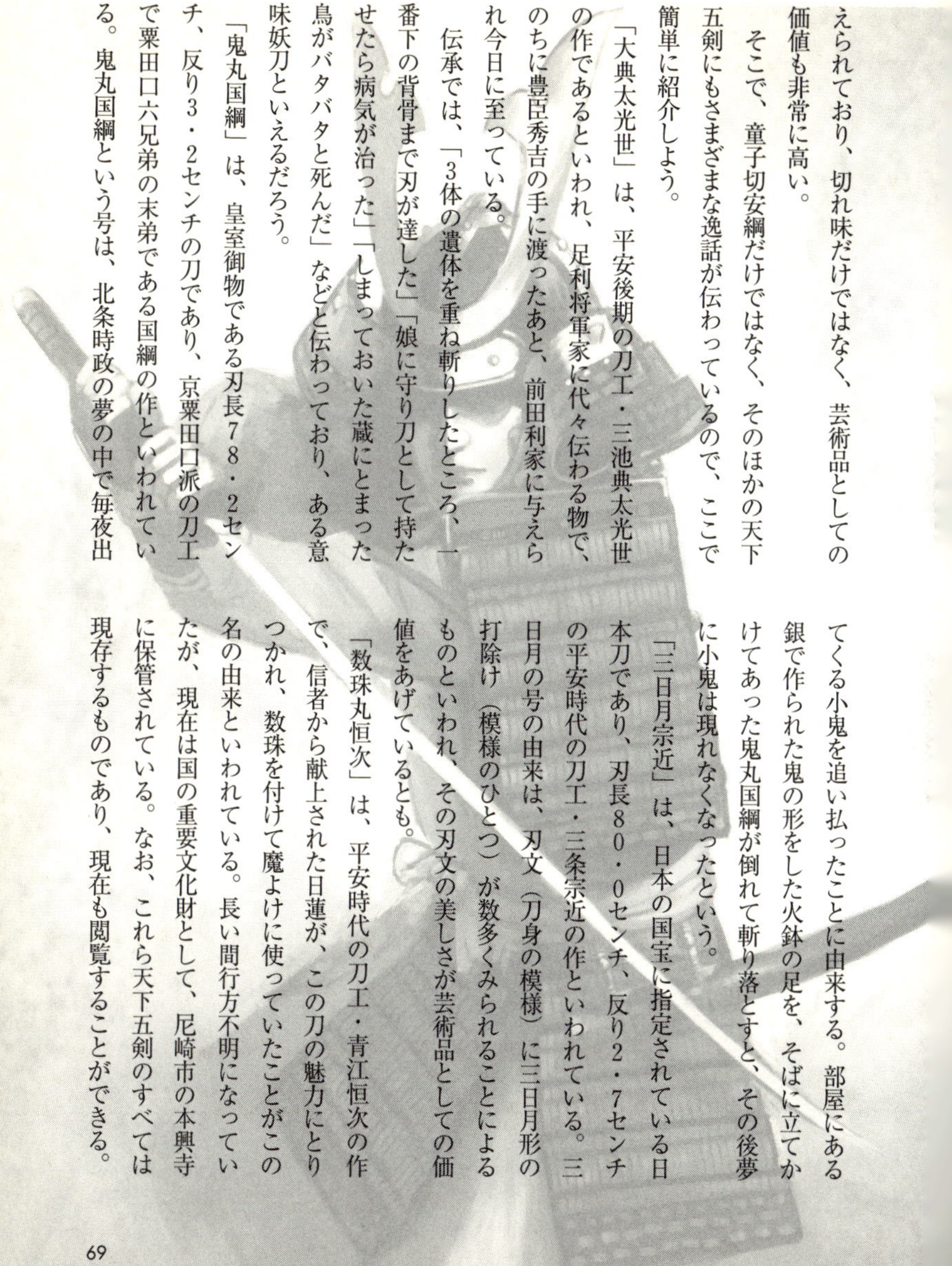

えられており、切れ味だけではなく、芸術品としての価値も非常に高い。

そこで、童子切安綱だけではなく、そのほかの天下五剣にもさまざまな逸話が伝わっているので、ここで簡単に紹介しよう。

「大典太光世」は、平安後期の刀工・三池典太光世の作であるといわれ、足利将軍家に代々伝わる物で、のちに豊臣秀吉の手に渡ったあと、前田利家に与えられ今日に至っている。

伝承では、「3体の遺体を重ね斬りしたところ、一番下の背骨まで刃が達した」「娘に守り刀として持たせたら病気が治った」「しまっておいた蔵にとまった鳥がバタバタと死んだ」などと伝わっており、ある意味妖刀といえるだろう。

「鬼丸国綱」は、皇室御物である刃長７８・２センチ、反り３・２センチの刀であり、京粟田口派の刀工で粟田口六兄弟の末弟である国綱の作といわれている。鬼丸国綱という号は、北条時政の夢の中で毎夜出てくる小鬼を追い払ったことに由来する。部屋にある銀で作られた鬼の形をした火鉢の足を、そばに立てかけてあった鬼丸国綱が倒れて斬り落とすと、その後夢に小鬼は現れなくなったという。

「三日月宗近」は、日本の国宝に指定されている日本刀であり、刃長８０・０センチ、反り２・７センチの平安時代の刀工・三条宗近の作といわれている。三日月の号の由来は、刃文（刀身の模様）に三日月形の打除け（模様のひとつ）が数多くみられることによるものといわれ、その刃文の美しさが芸術品としての価値をあげているとも。

「数珠丸恒次」は、平安時代の刀工・青江恒次の作で、信者から献上された日蓮が、この刀の魅力にとりつかれ、数珠を付けて魔よけに使っていたことがこの名の由来といわれている。長い間行方不明になっていたが、現在は国の重要文化財として、尼崎市の本興寺に保管されている。なお、これら天下五剣のすべては現存するものであり、現在も閲覧することができる。

源氏重代の兄弟刀

髭《ひげ》切《きり》と膝《ひざ》丸《まる》

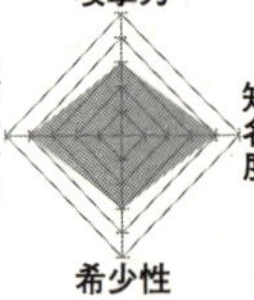

総合評価	C
備考	—

分類
史実

源満仲が作らせた兄弟刀

髭切と膝丸は、平安時代に源満仲が刀工に作らせたとされている、刃長2尺7寸（約82センチ）の源氏に代々伝わる兄弟刀である。それぞれの名の由来は、罪人で試し斬りを行った際に、髭切は罪人の髭まで斬れたためであり、膝丸は罪人の膝まで斬れたためとされている。

次々と名を変えた兄弟刀

刀の名が変わることは、本邦においてそうめずらしいことではないが、この兄弟刀ほど、その名を変えた刀はないだろう。

髭切は、渡辺綱所有時に鬼の腕を斬ったことから「鬼切」と名が改められたことを皮切りに、「獅子ノ子」「友切」と次々とその名が改められたが、最終的に源義朝所有時に、髭切に戻されている。一方の膝丸も、その名を度々改められており、源頼光所有時は、土蜘蛛を斬ったことから、その名を「蜘蛛切」と改められ、その後、「吠丸」「薄緑」と名を改められた。

髭切は源頼朝に伝えられ、薄緑（膝丸）は、源義経に伝えられていたが、頼朝が義経を討ったため、かつての兄弟刀は、実の兄弟による争いの結果、皮肉にもひとつの場所に戻ったといわれている。

なお、これらの伝承は史実ではないというのが、現在の一般的な見解である。

抜けば玉散る氷の刃

村《むら》雨《さめ》

南総里見八犬伝に登場する刀

村雨は、江戸時代の読本『南総里見八犬伝』の主役ともいえる犬塚信乃が用いる宝刀であり、「村雨丸」とも呼ばれている。鞘から抜くと、その刀身に露が浮かぶ奇端があり、人を斬れば、刀身に付いた血を洗い流すといわれている。

後世のマンガやゲームなどの創作物に、かなりの影響を及ぼしており、村雨に着想を得たアイテムが多数存在している。そのなかには、「村正」（58ページ）と混同されたものがあり、村雨が呪われた刀と設定されている場合があるが、オリジナルの村雨には、そのようなエピソードは一切存在していない。

運命を導く氷の刃

物語中、敵が焚く篝火を消したり、山火事を鎮めて火中に道を開くなど、幾度となく訪れる危機を、村雨はその秘めたる力によって打開して所有者を助けたと記されている。それらのエピソードから考えるに、村雨は、「抜けば玉散る氷の刃」と称された通り、水ないし、氷の属性を持った刀であったといえる。

なぜ、犬塚信乃がそのような宝刀を持っていたかというと、永享の乱で幕府に足利持氏が敗亡した際、持氏より村雨を託された父・犬塚番作から、持氏の子供・足利成氏に村雨を献上する使命を帯びたからである。

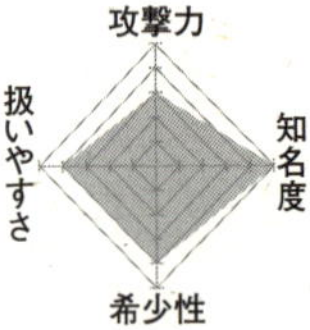

総合評価	B
備考	—

分類

南総里見八犬伝

佐々木小次郎愛用の長刀

物《もの》干《ほし》竿《ざお》

比類なき長さを誇る刀

物干竿は、宮本武蔵と巌流島で決闘を行った、佐々木小次郎、愛用の刀である。

物干竿とは通称であり、刃長三尺三寸（1メートル）の野太刀「備前《びぜん》長船《おさふね》長光《ながみつ》」が、物干竿、そのものであったとする説が有力といわれている。

実際は闘いには不向きだった？

佐々木小次郎の刀が物干竿と呼ばれるようになったのは、後世になってからで、その意味自体も侮蔑的な要素が大きいというのが現在の解釈となっている。

その理由は、実際には長いだけの刀であって、斬るには向かない刀だからだとされているが、物干竿および、佐々木小次郎に関する資料は非常に少なく、一概にそうとはいいきれないのが現状である。

物干竿が使用された巌流島の決闘で、物干竿よりも長い船の櫂を使用した宮本武蔵のまえに敗れていることを踏まえれば、単なる長すぎた刀であったといえるだろうが、この決闘の勝敗は、宮本武蔵の策略ありきの話であり、決して、物干竿が駄刀であるという解釈にならない。

現存する資料では語り尽くされなかった、秘剣「燕返し」などの、物干竿に秘められたポテンシャルや、事実は、もしかしたら講談や小説の脚色されたエピソードのなかにあるのかもしれない。

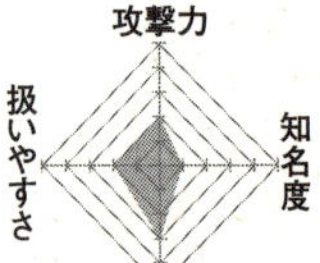

総合評価	D
備考	約1メートルの野太刀

分類
史実

沖田総司が使ったとされる架空の刀

菊《きく》一《いち》文《もん》字《じ》

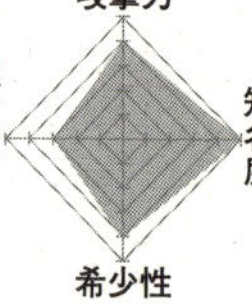

総合評価　B
備考
架空の刀

分類
伝説

有名ではあるが実在しない刀

菊一文字といえば、講談や小説、果てはゲームなどでよく目にする有名な刀であるが、実際に菊一文字という刀は存在していないということはあまり知られていない。

実際は、名工と称された則宗が作った刀をモチーフとした、架空の刀である。

創作され名刀に昇華された一振り

いつから実在しない菊一文字が、知られ始めたのかというと、司馬遼太郎の『新撰組血風禄』に書かれた、沖田総司の愛刀が菊一文字であるという、架空の設定からであるといわれている。

沖田総司は、菊一文字を手に、神速の技である「三段突き」を駆使して、新撰組内でも一、二を争うほどの倒幕志士たちを斬り伏せてきたとされる。

しかし、人間の身体能力では、三段突きをすることは不可能とする意見も論じられており、実際に沖田総司が三段突きをできたかどうかは不明である。そして、その後、三段突きを修得したした者もいないので検証のしようがなく、この技も架空の設定であるという説も存在している。

三段突きは、菊一文字を使用して初めてできる技であるとするならば、すべて合点がいくのは、創作であるがゆえなのだろうか。

菊一文字

野《の》太《だ》刀《ち》

腕力を誇示するために作られた刀

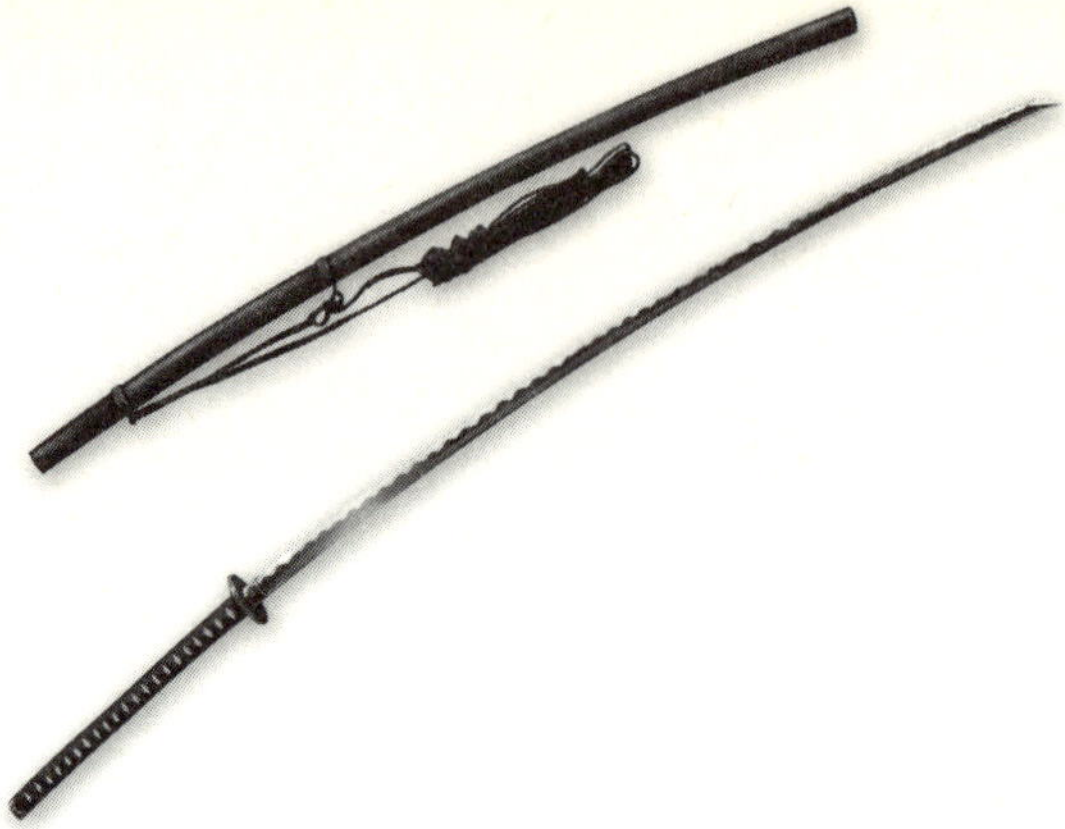

大きさにこだわった刀

野太刀は、大太刀とも呼ばれる日本刀の一種であり、長大な打刀、および太刀のことを指す。野太刀は、鎌倉時代の剛気で腕力が強いということが名誉とされるという時代背景から産まれた武器である。そのため非常に重く（2・5～8キログラム）、刀身に対して柄が短い、太刀と同じ形状の柄では使いにくいという欠点が存在していた。

当初、そんなことにはかまわず、大きく扱いにくい野太刀で斬り合っていたわけだが、だんだん欠点が如実になり、野太刀自体のつくりに疑問がもたれるようになった。その欠点を補うために、野太刀は改良を加えられ、中巻《なかまき》野太刀へと発展し、その後、完全なる長柄武器、長巻《ながまき》へと発展していった。そのような背景から、実際に野太刀が戦闘で使用された期間は、そう長くはなかった。

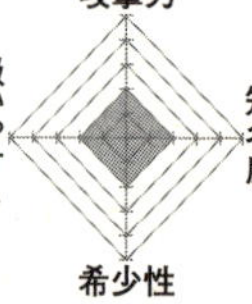

総合評価	D
備考	—

分類
史実

脇《わき》差《ざし》

非武士身分にも帯刀を許された刀

本差に対する予備の武器

脇差は、本差《ほんざし》が何らかの事情により、使用不可能になった場合に使用する予備の武器を指し、大きさは刃長が一尺（約30センチ）以上、二尺（約60センチ）未満と決められていた。本来、予備の武器である脇差（小太刀）だが、中条流や富田流などの小太刀流の流派では、脇差をメインとした剣術を教えたりと、脇差は小さくて扱いやすい刀という認識に変わっていった。

脇差による戦法は、斬りつけるというよりも打突により相手を突くという傾向が強く、おもに喉や胴などを狙う戦法が主流であり、それに柔術的要素などを加えたものが小太刀流であったといわれている。

また脇差は、非武士身分でも帯刀ができたため、江戸時代の侠客の抗争などでは、長脇差と称した長めの脇差が用いられていた。

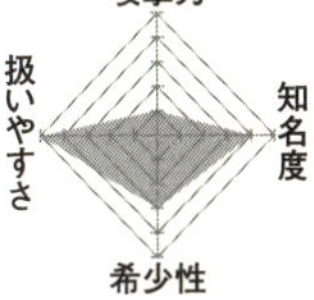

総合評価	C
備考	—

分類
史実

忍《しの》び刀《がたな》

まさに忍のための多機能刀

戦闘用よりも利便性に特化された刀

名前の通り、忍び刀は忍のために作られた刀である。刃長65～80センチと、通常の打刀よりも短く、反りのほとんどない直刀となっている。なぜほかの刀に比べて、短く反りがないのかというと、腰に差さずに背中に背負って行動するからで、長すぎると背中から抜けないからである。また、護身用程度の戦闘力しか有しておらず、斬り合いではなく、おもに打突による戦法で闘っていたとされている。

しかし、それを補ってありあまるほどの、利便性が忍び刀には備わっている。鞘には結紐などが収納され、先端はキャップ式になっており、とり外すとシュノーケルになったりと、隠密行動に欠かせない機能が多数備わっているのだ。現在、広く使用されているサバイバルナイフの多機能化は、忍び刀の影響を受けたという話は本当である。

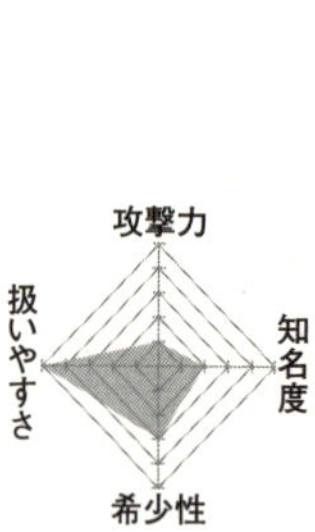

総合評価	C
備考	—

分類
史実

朴《ぼく》刀《とう》

幅の広い刃を持つ剣

水滸伝の英雄たちが好んで使用した刀

朴刀とは、大刀の一種であり、長く幅の広い刀身に柄部分が木製でできている中国の刀である。全長60センチ〜1・5メートルのうち、刃長が45〜70センチと、刀身部分が占めている割合が大きいということが特徴といえ、日本の長巻に相当する刀といえるだろう。

軍隊で使用されるよりも、民間で使用される場合が多く、その戦闘方法は、刃の重さを利用して、相手を斬り伏せるといったものであった。中国ではポピュラーな武器であり、宋の時代から清の時代までの長い間使用されていたとされ、「水滸伝」に登場する英雄たちや、太平天国の兵士などが使用していたことは有名な話である。

朴刀はほかにも、両手で扱うことから「双手帯《そうしゅたい》」と呼ばれたり、「太平刀《たいへいとう》」などと呼ばれていたとされている。

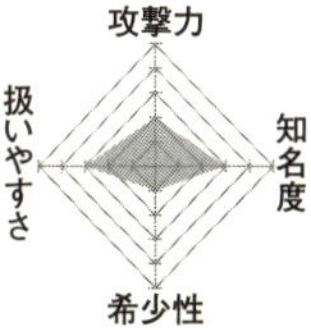

総合評価	D
備考	—

分類
史実

シャムシール

刃は薄く湾曲した片刃の刀剣

ペルシャの代表的な湾刀

シャムシールは、非常に薄く作られた片刃の刀身で、その先端が湾曲しており、柄頭が刀身とは逆に曲がっていて、その部分がライオンの頭と称される刀剣だといわれている。

だが本来、シャムシールという言葉は、広義での刀剣を意味する言葉であり、一振りの刀剣のことや、刀身が湾曲しているなどの刀剣自体の特徴を表しているわけではない。

それを示す顕著な例が、もともとシャムシールは、直刀であったということがあげられる。それが時代とともに、斬り合いに適した現在の形に変化していったとされている。ちなみに、西洋などでは、シャムシールのことをシミター（新月刀）と呼んでおり、「サーベル」（85ページ）の形状は、シャムシールの影響を受けているといわれる。

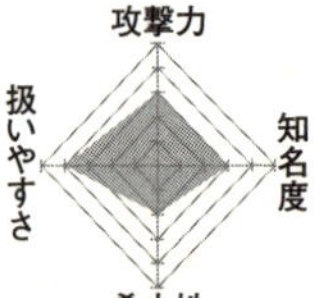

総合評価	C
備考	—
分類	史実

オーパーツともいわれる伝説的な剣
ダマスカスソード

ダマスカス鋼性の強靭な刀剣

ダマスカスソードは、木目状の模様を持った錆びにくい鉄、ダマスカス鋼から7世紀ごろ作られた切れ味するどい伝説的な剣である。「もし絹のネッカチーフが刃の上に落ちればその重みで真っ二つになり、鉄の鎧を切っても刃こぼれせず、柳の枝のようにしなやかで曲げても折れず、手を放せば軽い音とともに真っ直ぐになる」と称されるほどの、威力を秘めた剣だが、その製法は失われており、その言葉を検証することは不可能となっている。

なお、これらの逸話は剣自体ではなく、その原材料であるダマスカス鋼によるところが大きい。現在もダマスカス鋼の再現が行われているが、いまだに完全なる再現には至っていない。架空の存在と思われがちだが、確実に史実のなかに存在していた剣である。

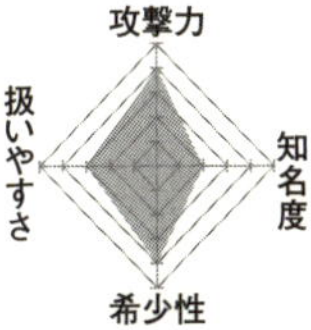

総合評価 C

備考 製法不明の伝説の剣

分類
史実

インドに伝わる短剣

カタール

とり違えられた剣

カタールとは、インドで広く用いられた短剣の一種である。全長は30~40センチ、重さは0・35~0・4キログラム程度。両刃を備えており、湾曲した独特の刀身を持っているのが特徴だ。その起源は古く、紀元前4世紀ごろにはすでに存在していたとされる。

一般的にカタールといえば、2本の平行する棒のあいだに握りを備えた、独自の形状の剣を思い浮かべがちだが、これは実際は「ジャマダハル」という剣であり、カタールとは別のものである。

この間違いは、ムガル帝国のアクバル大帝に仕えていた記録官アブル・ファズルが、歴史書『アーイーネ・アクバリー』においてカタールとジャマダハルの挿絵をとり違えたことに起因している。これにより、ジャマダハルはカタールと誤認され、現代まで伝わったのだ。

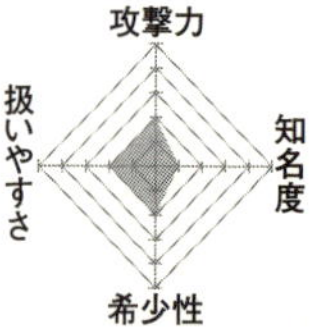

総合評価	D
備考	—

分類
史実

サーベル

世界各地で使われる湾曲刀

装飾的な意味合いが強い剣

柄に大きな手甲が付いており、刀身が軽く湾曲しているのがサーベルの形状的特徴である。その起源は不明な部分が多いが、東洋の「ファルシオン」（39ページ）や「シャムシール」（82ページ）から影響を受けているという説が有力とされている。

もともと直剣であった騎兵用の剣を、より斬りやすく改良したものがサーベルであったのだが、時代が進むにつれ、さまざまな国の軍隊の軍刀として扱われるようになり、武器としてではなく、階級を表す記章として扱われるようになっていった。その理由は、戦闘における主流兵器が、刀剣から銃器に変化したからである。

武器としては、本流から外れてしまったサーベルだが、現在も軍隊などでは儀礼刀として現役で活躍している。

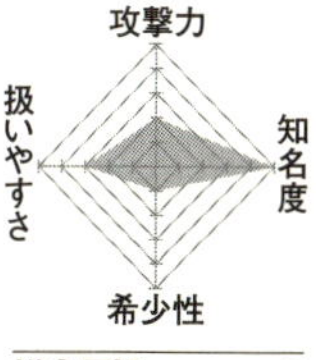

総合評価	C
備考	—

分類
史実

イザナミがカグツチを斬った剣

天之尾羽張《あまのをはばり》

総合評価　C

備考

十束剣と同一

分類

日本神話

鋭利な刃を有した神剣

天之尾羽張は、イザナミがカグツチを斬った際に使用された「十束剣《とつかのつるぎ》」であり、神の名前でもある。十束剣とは、十束（束とは、拳ひとつ分の幅）の長さである剣を指す言葉であり、天之尾羽張は、長剣の類であったことがうかがい知れる。さらに詳しい特徴は、同名の神の名前を紐解くことで推測できる。

天之尾羽張神には、稜威雄走神《いつのをはしりのかみ》という別名があり、それぞれの名が、剣の特徴を示唆しているのである。「尾羽張」は、「尾刃張」の意で、両方の刃が張り出していることを示し、「鞘走る」の意を示す「雄走」の部分が、その刀身が、鋭利な刃であるということを示しているといわれている。

タケミカヅチが使用した剣

布都御魂《ふつのみたま》

総合評価　C

備考

記紀神話に現れる霊剣

分類

日本神話

葦原中国を平定時に使用された霊剣

布都御魂は、「佐士布都神《さじふつのかみ》」や「甕布都神《みかふつのかみ》」とも呼ばれることがあった、記紀神話に現れる霊剣であり、タケミカヅチが、葦原中国を平定した際や、神武天皇の神武東征時に使用されたと伝えられている。

その剣に宿る霊力はすさまじく、毒に苦しむ軍隊から毒気をとり除き覚醒させるなどの癒しの効力や、荒ぶる神々を退ける力を備えていたとされ、葦原中国や大和平定の役に立ったとされている。その後、当初は宮中で祭られていたが、崇神天皇の代で、イカガシコオノミコトの手によって石上神宮に移され、布都御魂は御神体として祭られることになり、同社の祭神であるフツノミタマノオオカミは、布都御魂の霊とされた。

平家重代の宝刀

小《こ》鳥《がらす》丸《まる》

平安時代中期頃に作られた名刀

小鳥丸は、平家一門の宝刀であったと伝えられている、刀身の先端から半分以上が両刃になっている刀である。

大神宮より遣わされた、大鴉の羽根の中から出てきたという伝承から、小鳥丸と名づけられ、刀工・天国の作であるといわれている。

刃長62・7センチ、反り1・3センチで両刃になっていることから、斬るよりも刺突に適した刀であると推測されている。しかし、平家の家宝であったため、その実力は未知数のまま、現在に至っている。

ちなみに、現在も東京国立博物館に、日本刀の変遷を知るうえでの貴重な資料として保管されている。

総合評価　C

備考

刀工・天国の作

分類

史実

小鳥丸と並ぶ平家重代の刀

抜《ぬけ》丸《まる》(木《こ》枯《がらし》)

父から子へ受け継がれた名刀

抜丸は、書物『源平盛衰記』に登場する刀である。

当初は、立てかけてあった木を古木の如く枯れさせたことから、「木枯」という名で呼ばれていた。だが、平忠盛に買いとられたあと、平忠盛に襲いかかろうとした大蛇を、刀がひとりでに抜けて追い払ったことから、「抜丸」という名を与えられた。抜丸には、所有者を守る逸話が、比較的多く伝わっており、攻撃のための刀というよりも、守護の刀だという見解もある。

平忠盛の死後は、息子である平頼盛へと伝えられており、平頼盛は抜丸を手に平治の乱を戦い、合戦において大きな役割を果たし、平氏の勝利に貢献したとされている。

総合評価　C

備考

—

分類

源平盛衰記

雷神を斬ったとされる刀

雷《かみなり》切《きり》

総合評価　C
備考
—
分類
史実

希代の名将・立花道雪の愛刀

雷切は、雷（雷神）を斬ったとされる、大友氏の家臣・立花道雪の愛刀。

この刀のもとの名は「千鳥」だが、雷に撃たれても半身不随とはなったものの死ななかった立花道雪は、その際、持っていた千鳥のおかげで助かったと思い、「雷切」と名を変えた。そして、雷切を肌身離さずにいたといわれている。

半身不随後でも立花道雪は戦場に立ち続け、つねに最前線で戦った。そして戦いで死ぬことなく、寿命をまっとうした。それは、もしかしたら雷切による加護があったからなのかもしれない。なお、雷切は現在、どこかの資料館に保管されているという噂だ。

源義経の守護刀

今《いまの》剣《つるぎ》

総合評価　D
備考
—
分類
義経記

名工・三条宗近作の日本刀

今剣は、源義経が愛用した日本刀（短刀）である。『義経記』の記述によると、三条宗近が作り、鞍馬寺に奉納し、鞍馬寺別当の東光坊蓮忍が自分の手で秘蔵したのち、源義経に伝えたとされている。

だが、もともと今剣は六尺五寸（約１・９６メートル）の長刀であったといわれており、源義経が所有していたとされている今剣とは別の物であるという説もある。しかし、長さは違えど、同一の物であるという説が、現在の一般的な見解となっている。源義経が非業の最期を迎えたことを考えると、今剣はその役目を果たしたとはいい切れないが、源義経の活躍のその裏には、確実に守護刀である今剣があったといえる。

真柄親子愛用の長刀

太郎太刀《たろうたち》と次郎太刀《じろうたち》

総合評価　C
備考
—

分類
信長記／史実

徳川家を苦しめた二振りの長刀

太郎太刀と次郎太刀は、朝倉家家臣、真柄十郎左衛門直隆と、その息子、真柄十郎隆基が使用していたとされる刀である。太郎太刀は、五尺三寸（約1・60メートル）、次郎太刀は、四尺七寸（約1・42メートル）と、かなり長いつくりになっていることが最大の特徴といえる。

両刀の威力は、かの有名な「姉川の戦い」で実証されており、太郎太刀と次郎太刀を駆使した真柄直隆・隆基親子に、徳川軍が苦しめられたという記述を、『信長記』に見てとれる。現在も両刀は保存され、太郎太刀は熱田神宮宝物館（愛知県）に、次郎太刀は白山比咩神社（石川県）にそれぞれ奉納されている。

上杉謙信愛用の刀

小豆《あずき》長《なが》光《みつ》

総合評価　B
備考
—

分類
史実

軍神とともに戦場を駆け抜けた名刀

小豆長光は、戦国史上最強と名高い武将、上杉謙信が愛用した刀である。

小豆長光という名の由来は、小豆袋からこぼれた小豆が、この刀に当たるたびに真っ二つになっていたからという説と、脳髄（古称、なずき）をも一刀両断にしたからという説がある。とはいえどちらの説も、驚異的な切れ味に関するエピソードには違いない。

なお、かの「川中島の戦い」において、上杉謙信が武田信玄に斬りつけた刀こそが、小豆長光であるといわれている。

残念ながら、小豆長光は現存しておらず、どういう形状の刀であったかは伝わっていない。

名刀の代名詞

正宗《まさむね》

有名ではあるが無銘の名刀

正宗といえば知名度は群を抜いているが、知名度ほど、その実像については理解されていない。

そもそも正宗とは、一振りの刀を指すものではなく、名工・五郎入道正宗（岡崎正宗、岡崎五郎入道とも称される）が作った刀全体を指すものである。

その特徴は、切れ味よりも様式美に重きがあるということであり、刃の波紋や品格など、芸術品としての刀、献上用の刀として重宝され、豊臣秀吉がその美しさに夢中になったことから、正宗は爆発的にその価値を高めたといわれている。また、なぜかほとんどの正宗には銘が入っていなかった。そのため贋作が多く作られ、出回ったことでも有名である。

総合評価　C
備考
—
分類
史実

備前長船派を代表する刀

大般若長光《だいはんにゃながみつ》

剣豪将軍・足利義輝も所有した名刀

大般若長光は、備前長船派の刀工・長光が作った代表的な刀であり、刃長７６・６３センチ、反り３・０３センチの太刀である。

名の由来は、値段に６００貫（約６００万円）という高値がつけられたことと、大般若経が６００巻であったことがかけられたためといわれている。

その所有者も、その時代ごとの実力者であり、足利義輝、三好長慶、織田信長、徳川家康、奥平信昌らが所有していた。実力者たちを虜にした、大般若長光の良さは言葉にせずともといったところだろう。

現在は国宝として、東京国立博物館に所蔵されており、その優雅さは今なお色あせていない。

総合評価　B
備考
価格は600貫
分類
史実

クトネシリカ

ポンヤウンペを守った刀

土地神の庇護を得た神刀

クトネシリカは、アイヌの口承叙事詩「ユーカラ」に登場する少年ポンヤウンペが所持していた、全体的に大きな反りを持った刀といわれている。

その鞘などに彫り込まれた夏狐の化身、雷神の雄神・雌神、狼神などに、実際、神々が宿っていたとされ、所有者であるポンヤウンペが危機に陥ると、超常の力を発揮して助けたとされる。

これらはすべて口承で、文字では、後世のアイヌ研究家がまとめた解釈と翻訳があるだけである。なお、アイヌ研究の第一人者である金田一京助の翻訳本『人間のユーカラ』において、クトネシリカは、「虎杖丸《いたどりまる》」と訳されている。

総合評価　D

備考
アイヌの神々が宿った刀

分類
口承叙事詩

エペタム

自由自在にうごめく人食い刀

カタカタという音のみで敵を遁走させた刀

アイヌの口承による民謡に登場する、祈りを込めただけで敵に襲いかかり、何百もの敵を退けたとされる人食い刀。その威力はすさまじく、刀の制御法を知っている者でないと扱うことは不可能であり、知らない者が扱うと無差別に人を襲ったとされている。さらに、稲妻のような光を放ち、光の尾をひきながら飛んだりしていたと伝わっており、エペタムに宿っていた妖性はよっぽどのものであったことが推測される。

すさまじい威力を誇ったエペタムであるが、最終的にはその制御法を知る者が全員死に絶え、制御不能になり、無差別に人を襲い始めたことから、底なし沼に封印されたとされている。

総合評価　C

備考
ひとりでに動き出し人を襲う

分類
口承叙事詩

鉄を泥のように斬ったとされる刀

青《せい》紅《こう》の剣《けん》

倚天の剣と対をなす宝剣

青紅の剣の切れ味は抜群であり、鉄を泥のように斬ったと伝えられている。もともとは、曹操猛徳が作らせた「倚天の剣」（92ページ）と対となる宝剣であるが、曹操がお気に入りである夏候恩に与えたことで、二振りの宝剣は別々となった。夏候恩は、この宝剣を携えて長坂の戦いに出陣するが、そこで相対した劉備軍の名将、趙雲子龍に青紅の剣を奪われてしまう。

『三国志演義』において、趙雲子龍が青紅の剣を駆使して何かをなしたという記述はあまりなく、青紅の剣がその後、どのような扱いをされたのかは謎の部分が多いが、夏候恩よりも、知勇兼備の名将趙雲子龍のほうが所持者としては相応しいといえるだろう。

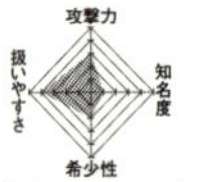

総合評価 D

備考

—

分類
三国志演義

乱世の姦雄・曹操猛徳が愛用した宝刀

倚《い》天《てん》の剣《けん》

青紅の剣と対をなす宝剣

倚天の剣は、乱世の姦雄・曹操猛徳が愛用していた宝剣であり、その剣身は両刃作りになっていたとされる。そして、「青紅の剣」（92ページ）と対となる宝剣でもある。倚天とは、天すらも貫くという意味であり、青紅の剣が切れ味重視の刀であったとするならば、倚天の剣は両刃であったことも考えると、斬ることよりも刺突に優れていた刀であると推測できる。

倚天の剣と青紅の剣は、対となっていた刀であるが、最終的に敵味方である両陣営に属することになったのは、偶然なのか、必然なのか。

小説『三国志演義』では人物に焦点が置かれがちだが、数々の名刀にも物語は確実に存在している。

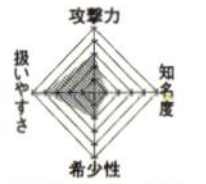

総合評価 D

備考

—

分類
三国志演義

七星宝刀《しちせいほうとう》

董卓暗殺のために渡された剣

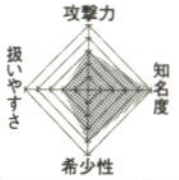

総合評価　C

備考　—

分類　三国志演義

七種類の宝石がちりばめられた宝剣

七星宝刀は、王允子師《おういんしし》が董卓仲穎《とうたくちゅうえい》暗殺のために、曹操猛徳に与えたとされる宝剣である。

鞘には、七種類の宝石がちりばめられ、見る者すべてが感嘆するほどの優雅さを兼ね備え、なおかつ戦にも使用できるという、家宝としても、刀剣としても優れていた一振りと伝えられている。

曹操猛徳による董卓仲穎暗殺の際は、そのあまりに美しすぎる刀身が災いして、刀身が放った光が鏡で反射して董卓仲穎に気づかれてしまい、暗殺は失敗に終わっている。その際に、曹操猛徳は、七星宝刀を董卓仲穎に献上することで、暗殺を企てたことを悟らせず、どうにか生きて帰ってきたという。

干将《かんしょう》と莫耶《ばくや》

呉王が鍛えさせた二振りの剣

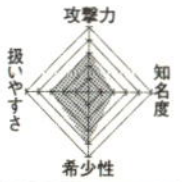

総合評価　C

備考　—

分類　呉越春秋／捜神記／史実

犠牲とともにつくられた剣

干将と莫耶は、呉王から最高の剣を作れとの命を受け、刀工である干将と莫耶の夫婦が作成した剣である。干将には亀裂模様、莫耶には水波模様が浮かんでいたとされ、陽剣と陰剣として対になっていたとも伝えられている。

干将と莫耶には、さまざまなエピソードがあるが、そのなかでもっとも有名なのものが、作成時に材料である金属が溶けなかったため、妻である莫耶が、炉にその身を投じ、やっと金属が溶け始めたという話だろう。ただし、この話には別バージョンもあり、そちらのほうは莫耶自身ではなく、爪と髪の毛を炉に投じたとされている

COLUMN

童《どう》子《じ》切《きり》安《やす》綱《つな》と並び称される天下五剣

天下五剣とは、数ある日本刀のなかでも、特に名刀と誉れ高い五振りの刀の総称のこと。ここでは、その天下五剣のうち、66ページで紹介した童子切安綱以外の四振りについて紹介しよう。

三《み》日《か》月《づき》宗《むね》近《ちか》

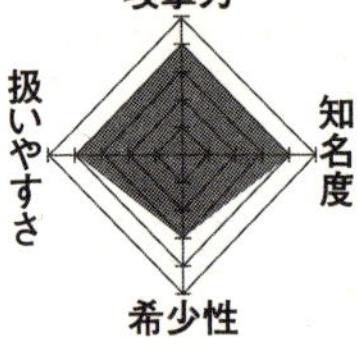

伝説の名工とされる三条宗近の代表作。刃縁に見られる模様が三日月状になっていることから、この名がついた。現在は国宝に指定され、東京国立博物館にて所蔵されている。

鬼《おに》丸《まる》国《くに》綱《つな》

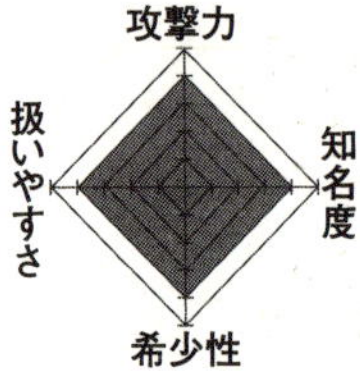

鎌倉時代の刀工・粟田口国綱の作とされる刀。鬼丸という名は、北条時政の夢の中で毎夜出てくる小鬼を追い払ったという伝説に由来する。現在は皇室御物として宮内庁が所蔵している。

大《おお》典《てん》太《た》光《みつ》世《よ》

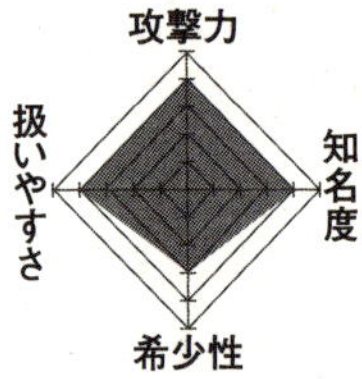

平安時代の刀工・三池典太光世の作で、もともとは将軍・足利家の家宝であった。その後、前田家へと伝わり、お家の守り刀となる。現在は国宝に指定され、前田育徳会が所蔵している。

数《じゅ》珠《ず》丸《まる》恒《つね》次《つぐ》

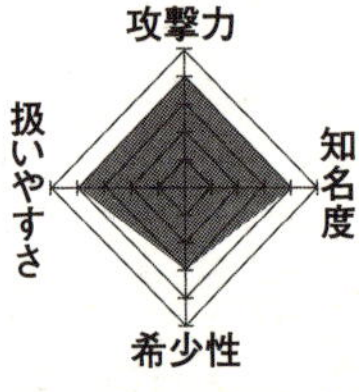

鎌倉時代の刀工・青江恒次の作とされる刀。日蓮宗の祖である日蓮が所持していたとされ、柄に数珠を掛けていたことからこの名がついたとされる。重要文化財に指定され、大阪の本興寺が所蔵。

第三章

長柄武器

長いリーチを持つ、合戦の主力兵器

長い柄の先端に鋭い刃を取り付けたものを総称して、長柄武器という。第三章では、こうした長柄武器を紹介していく。

長柄武器にはさまざまな種類があるが、その代表格といえば、なんといっても槍であろう。槍は刀剣と並ぶもっともポピュラーな武器のひとつで、洋の東西を問わず幅広い地域で用いられた。西洋の騎士たちが用いたランスや紀元前の中国で誕生した矛なども、こうした槍の一種である。

槍は古代から中世の全世界においてもっとも広く普及した武器とされ、戦争においては刀剣以上に重要視された存在であった。

槍がこれほど広く使われたのは、純粋にこの武器が優れていたためである。槍の最大の利点は、そのリーチの長さだが、これはすなわち攻撃範囲が広いということである。刀剣との比較で考えた場合、このリーチの長さは格段に有利な点であろう。

そのため、戦のために急遽集められたような、練度の低い兵士であっても、とりあえず相手めがけて突いていれば、それなりの威力を発揮することができた。実際、仕官した兵士がまず最初に扱い方を身につけさせられたのは、槍であったという。

槍の優秀さを示すエピソードとしては、次のようなものがある。

あるとき、「槍の又兵衛」の異名で知られる高田又兵衛が、剣豪・宮本武蔵と試合を行うことになった。試合であるため又兵衛の武器は竹槍、武蔵の武器は木刀である。試合は三度行われたが、一、二試合目は決着がつかず、三試合目で又兵衛が勝利する。武蔵は潔く負けを認めたが、又兵衛は「自分は有利な槍で戦いながら、二試合勝てなかった。なので私の負けである」といい、武蔵の健闘を称えたという。

このように優れた威力を持つ槍だが、敵味方が入り乱れて戦う乱戦状態になると、長柄武器特有の小回りの利かなさが災いし、不利になるという欠点があった。そのため、戦争において槍を用いる際は、個々で戦うのではなく、隊列を用いた戦術的・集団的な武器として使用するのが基本であったという。

神話や伝説のなかにおいて、槍を持つ英雄は少ないが、それはこの武器が個ではなく、あくまでも集団で扱うことを主としていたためなのかも知れない。

必ず命中する伝説の槍

グングニル

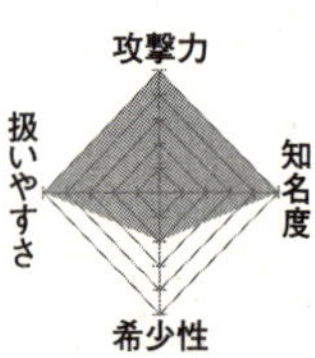

総合評価	B
備考	イヴァルディの息子たちと呼ばれる小人の作

分類
北欧神話

連続攻撃も可能な無敵の槍

グングニルは、「北欧神話」に登場する主神オーディンが愛用した神槍の呼び名である。

柄は聖なるトネリコの木であるユグドラシルで作られており、穂先にはルーン文字が刻まれていたといわれている。

オーディンがこの槍を敵に向かって投じると、敵はよけることができずに必ず命中する。さらに、敵に命中したあとにはオーディンの手もとに必ず戻ってくるので、グングニルを敵に奪われることなく、何度も連続で投擲することが可能となっているのだ。

これゆえにグングニルは、北欧神話のなかで最強の武器であるとの呼び声が高い。また、戦闘開始時に、グングニルを向けられた軍勢は必ず勝利するといわれており、幸運の槍とも呼ばれている。

ロキがもたらした秘宝

グングニルが作成された経緯は、霜の巨人族ラウヴェイの子ロキが、雷神トールの妻シヴの髪を1本も残らず刈ってしまったことがはじまりとされる。

これに怒ったトールは、ロキを締めあげて、シヴのために自然に伸びる黄金の髪をロキに作らせることを約束させた。ロキは黄金の髪を「イヴァルディの息子たち」と呼ばれる小人たちに作成させたのだが、このとき、小人たちは同じ炉を使って、平和の神フレイヤ

グングニル

のために、どこへでも行くことのできる帆船スキーズブラズニルを作り、主神オーディンのためにはグングニルを作りあげたといわれている。

ロキは続いてブロックとエイトリという小人の兄弟のところへも行き、「イヴァルディの息子たち」と呼ばれる小人たちが作成した、黄金の髪や、帆船スキーズブラズニル、グングニルより優れた秘宝を作れるならば、自分の首をやるといったという。

ブロックとエイトリはこれを受け、ハエに姿を変えたロキに邪魔されながらも、黄金の猪、腕輪ドラウプニル、ミョルニルの三つの秘宝を作りあげた。そして、ブロックはロキとの賭けの勝負をつけるため、これを持ってアース神族の王国アースガルズに赴いたといわれている。そしてロキも、「イヴァルディの息子たち」に作らせた黄金の髪とスキーズブラズニル、グングニルを携え、判定の場に赴いたという。

この勝負の判定をすべくオーディンとトールとフレイヤの三神が現れた。ロキは神々に秘宝の説明をし、オーディンに槍グングニルを、トールに黄金の髪を、フレイヤにはスキーズブラズニルを渡したという。一方のブロックは、オーディンにドラウプニルを、トールにミョルニルを、フレイヤに光り輝く猪を渡した。アースガルズの神々たちは、ミョルニルを最上の秘宝と判断し、ロキとの賭けに小人たちが勝利した。

その結果を受けて、自分の頭を賭けていたロキは逃げようとする。だがトールに捕まり、頭は賭けたが首は賭けていないと言いはって、どうにか頭を取られることはさける。しかし、代わりに小人たちはロキの唇を縫い合わせて黙らせ、首を取る代わりにしたという。

オーディンについて

グングニルを理解するにあたり、キーポイントとなる所有者のオーディンについて紹介しよう。

グングニルの所有者であるオーディンは、絵画などでは、片目がなく、長い白髭を持った老人で、つばの広い帽子を被り、グングニルを持った姿で表される。

なぜ片目がないのかというと、世界樹ユグドラシルの根元にあるミーミルの泉の水を飲むことで知恵を身につけ、魔術を会得した際に、その代償として失ったからとされている。また、オーディンは、ルーン文字の秘密を得るために、ユグドラシルの木で首を吊り、グングニルに突き刺されたまま、九日九夜、自分を最高神オーディンに捧げたという（つまり自分自身に捧げた）。ちなみに、このときは縄が切れて助かったとされている。この逸話にちなんで、オーディンに捧げる生贄は、首に縄をかけて木に吊るし槍で貫くようになったといわれている。

なお、タロットカードの「吊された男」は、このときのオーディンを描いたものだという解釈も存在している。

ラグナロクとグングニルの行方

さまざまな力を持つオーディンは、アースガルズの神々と霜の巨人族による、互いの存亡をかけた最後の戦い、ラグナロクで破滅することを預言していた。

その一方では、ヴァルキリーに命じて自身が選んだ勇猛な地上の戦士たちを死せる戦士の館、ヴァルハラに集結させていたという。

そして、未来を託そうとしていた英雄シグムンドの死や、光の神バルドルの死をきっかけにラグナロクが勃発すると、オーディンはロキの子である灰色の狼、フェンリルと戦ったといわれている。

太陽さえも丸飲みにするほど巨大なフェンリルの脇腹にグングニルを突き刺すが、フェンリルはひるむことなくオーディンに突っ込み、グングニルごとオーディンを丸飲みした。

これにより、オーディンは絶命することになるが、フェンリルはオーディンの息子ヴィーダルによって倒された。

しかし、フェンリルに飲み込まれたグングニルは結局見つかることはなかった。

クー・フーリン愛用の槍

ゲイ・ボルグ

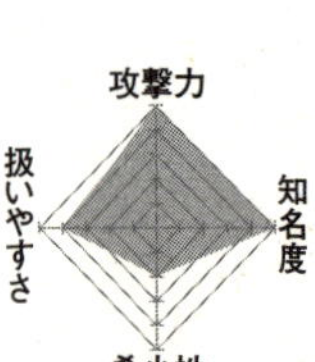

総合評価	B
備考	大型の投擲用の槍

分類
ケルト神話／アルスター神話

魔女スカアハより与えられた魔槍

ゲイ・ボルグは、「ケルト神話」に登場するクー・フーリンが愛用した槍であり、ガエ・ブルグ、ガエ・ボルガなどと表記される場合もある。

制作者はボルグ・マク・ブアインといわれ、二頭の海獣が争い、敗れたほうの骨を材料にゲイ・ボルグを作りあげたといわれている。

ゲイ・ボルグは、投擲用の槍であり、軽量な印象を受けるが、投擲用の槍にしては非常に大きく、見た目は投擲用の槍にはまったく見えなかったという。

さらにゲイ・ボルグは、相手めがけて飛んでいくと槍の先端部分から30もの矢が飛び出し、盾や鎧を貫いたという。まさに、魔槍の名に相応しい槍の性能を超越した効果といえよう。さらに足を使って投げるとその威力は倍増するとも伝えられている。

ちなみに、足を使って投げると威力が倍増するという伝承から、ゲイ・ボルグは槍の名称ではなく、魔力を使った槍の投擲術の一種であるとする説も存在している。

クー・フーリンについて

ゲイ・ボルグを理解するうえで、使用者であるクー・フーリンの人となりとエピソードは外せないといえるだろう。クー・フーリンはもともとは「セタンタ」という名であり、ハーリング（スティックとボールを

使う屋外スポーツ）で活躍する選手であった。

あるときアルスター王国のコノア王がセタンタに会ったことに感激し、その褒美としてセタンタに試合が終わってから晩餐会に出席せよと伝えたという。しかし晩餐会が始まると、セタンタを呼んだことをすっかり忘れてしまったコノア王は、館の主人であるクランに番犬を放せと命令してしまう。この番犬はクランの自慢の番犬で普通の犬100匹に匹敵する力を持ち、10人の戦士がかかっても倒せないという犬だった。

晩餐会が中盤に差しかかったころ、庭から犬の鳴き声が聞こえてきて、晩餐会の出席者たちが驚いて庭を見ると、そこには素手で犬を倒したセタンタの姿があった。セタンタは「もしもこの犬に子供がいるなら、私はこの犬と同じような素晴らしい番犬に育てます。そして、その番犬が立派になるまで、クランの館の警備は私がしましょう」と言ったという。このセタンタの発言に感心した出席者たちはセタンタを称え、クー・フーリン（クランの猛犬）と呼んだことから、以後セタンタはクー・フーリンと名乗るようになった。

クー・フーリンが青年になったとき、フォルガルの娘エメルに恋をした。それに対して、エメルはクー・フーリンにもっと強い戦士になってほしいと言って彼の求愛に応えなかったという。

またエメルの父フォルガルは、クー・フーリンを嫌っており、彼に娘を嫁がせないように「影の国へ赴き、魔女スカアハのもとでの修行してはどうだろうか？魔女スカアハのもとで修行を終えればエメルも認めるだろう」と言って、クー・フーリンをそそのかし、危険に満ちあふれた影の国へ向かわせたという。

修行中、影の国ではスカアハと対立する魔女アイフェとのあいだに戦争が起こった。スカアハは、まだ未熟なクー・フーリンが戦場に出ることのないように睡眠薬を飲ませたが、クー・フーリンには効き目が薄く、彼を止めることができなかった。戦いは膠着し、アイフェは一騎打ちで決着をつけようとするがスカアハは負傷していたため、代わりにクー・フーリンがアイフェと一騎打ちを行い生け捕りにしたという。この功績が称えられ、クー・フーリンはゲイ・ボルグをスカアハから授かったといわれている。

その後、帰国したクー・フーリンだが、フォルガルはエメルとの結婚を許さなかったので、フォルガルを打倒してエメルを娶《めと》ったという。つまり、ゲイ・ボルグは結婚のために行った修行の副産物として得たものということなのである。

クー・フーリンの最後

その後、クー・フーリンは赤枝の騎士団のリーダーとなり、ゲイ・ボルグを駆使して数々の武勲を立てたという。

クー・フーリンとゲイ・ボルグの活躍が描かれたエピソードとして有名なのが、アルスター王国とコノート王国との間に起きた7年にわたる戦争、「クーリーの牛争い」だろう。

この戦いはコノート王のアリルと女王のメイヴが、お互いの財産を競いあうことから端を発し、メイヴはアリルの所有する牛フィンドヴェナハに対抗するべく、アルスター王国の牛のドン・クアルンゲを借り受けようとするが、断られたことから、ドン・クアルンゲを手に入れるためにアルスターに軍隊を率いて攻め込んだ。対するアルスター王国の男は呪いによって無力化されており、唯一呪いのかからないクー・フーリンがひとりで奮戦したという。この戦争で、クー・フーリンはゲイ・ボルグを片手に勇猛果敢に戦い、1日に１００人もの敵兵を倒したといわれている。

そんななか、クー・フーリンは修業時代の親友フェルディアをゲイ・ボルグで殺してしまう。さらに、クー・フーリンは、メイヴの策略により、ケルトの戦士の絶対的な誓いであるゲッシュを破らされてしまった。これによりクー・フーリンは力を失ったあげく、ゲイ・ボルグを奪われ、最後は、愛槍ゲイ・ボルグに貫かれ絶命する。しかしその死にざまは己を柱に縛り付け、最後まで倒れることはなかったといわれている。

本多忠勝愛用の槍

蜻《とん》蛉《ぼ》切《きり》

比類なき切れ味を誇る名槍

蜻蛉切は刃長43・8センチの笹穂型の大身槍である。もともと服部氏が所有していたが、本多忠勝がそれを譲り受けたことから、蜻蛉切の名が有名になったといえる。蜻蛉切は、忠勝が多くの功績をあげた槍の愛称であり、その活躍により蜻蛉切は天下三名槍がひとつに数えられるようになった。その名の由来は、穂先に止まった蜻蛉が真っ二つになったという逸話からといわれている。

茎《なかご》（刀身の柄に被われる部分）には村正の一派といわれる藤原正真作の銘があり、柄の長さは6メートルほどであったといわれる（通常の長槍は4・5メートルほど）が、晩年は体力の衰えからか、「槍は自分の力に見合う物が一番」と言って槍の柄を短く詰めてしまったという。現在は、そのレプリカを岡崎城（愛知県）などで見ることができる。

本多忠勝について

所有者である本多忠勝は、三河の松平広忠（家康の父）の家臣・本多忠高の長男として誕生した。幼名は鍋之助といい、幼少期は妙源寺に通って『孫子の兵法』を読破し、槍術の鍛錬なども積極的に行っていたという。そして1559年に元服した際に、本多平八郎忠勝と名を改めた。ちなみに忠勝というネーミングは、「ただ勝つのみ」という意味から由来しているといわ

総合評価	C
備考	村正作の槍

分類
史実

れており、主君である松平元康（家康）がつけたものと伝えられている。

本多忠勝は家康とともに各地を転戦。初陣の「大高城攻め」ののち、「姉川の合戦」「長篠の合戦」などで活躍し、「関ヶ原の戦い」までに通算57回もの戦を戦い抜いたといわれている。

その際、本多忠勝は、黒《くろ》糸《いと》威《おどし》胴《どう》丸《がん》具《ぐ》足《そく》を着用し、頭には鹿の角をあしらった鹿角脇立兜を被り、そして、手にはつねに蜻蛉切があったという。

そして驚くことに、すべての戦において前線や殿《しんがり》といった危険な状況に身を置いたにもかかわらず、その身に傷をひとつも負わなかったといわれている。それが、蜻蛉切による加護の力であったかどうかは定かではないが、傷を負わないほどの武芸の達人であったということは間違いないだろう。

このほかに、本多忠勝に関するエピソードは多数あるので、代表的なものをいくつか紹介しよう。

本多忠勝の逸話のなかでも、特に有名なのが「一言坂の戦い」であろう。

１５７２年、本多忠勝は敗走する徳川軍を守るために一言坂で殿を務め、見事に徳川軍の撤退を成功させている。一説によると、蜻蛉切を手に最後尾に残った本多忠勝が、たったひとりで追いすがる武田軍を撃退したと伝えられている。そして、撤退した武田軍は一枚の立て札を残していったといわれ、その立て札には、「家康に過ぎたるものはふたつあり、唐のかしらに本多平八」との狂歌が書かれていたという。

もちろん、ここでいう本多平八というのは、本多平八郎忠勝のことであることはいうまでもない。

また、織田信長からは書物『三国志演義』の猛将である張飛翼徳を引き合いに「日本の張飛」と称されたという。また、豊臣秀吉からは「西の立花宗茂、東の本多忠勝」と称賛されたという。

ほかにも、「姉川の合戦」において、朝倉軍一万が家康本陣に迫る局面では、朝倉軍に向かって単騎駆けを敢行するという大胆さも見せている。この単騎駆けの結果、徳川軍は勢いづいて、劣勢を引っくり返したという。これだけならば、単なる剛の者であるが、本多忠勝はそれだけでなかった。

「本能寺の変」が発生した際に、徳川家康は本多忠勝ら少数の随行とともに堺に滞在していたが、家康が京都に上り、織田信長のあとを追おうととり乱したのを本多忠勝が諫めて、かの有名な「伊賀越え」を行わせ、生きて三河の地に帰ったという。

さらに、関ヶ原の戦いにおいては、西軍の毛利軍が山に陣を張っているのを見て、毛利軍が戦う気がないことを見破ったといわれている。

まさに、本多忠勝は、蜻蛉切の所有者に相応しい知勇兼備の猛将だったといえるだろう。

最終的には、伊勢にて10万石の大名にとり立てられ、１６０９年には嫡男の忠政に家督を譲り隠居したという。そして、翌年にその生涯を閉じたといわれている。

ちなみに、江戸幕府の創業に貢献したことから、のちに「徳川四天王」、もしくは「十六神将」とも称されたという。

天下三名槍について

最後に、蜻蛉切以外の天下三名槍、「御手杵《おてぎね》」と「日本号《にほんごう》」について簡単に紹介しよう。

御手杵は、室町時代の駿河の鍛冶師・嶋田義助が製造した大身槍である。全長７尺(約２・１メートル)、槍身長４尺６寸（約１・３８メートル）と、当時の槍のなかでは最大級の穂先を持ち、デザイン的には槍というより大型の剣に近いといわれている。並はずれた重量と強度を有しており、普通の人間には、運ぶことも困難だったとされている。

日本号は、もともと豊臣秀吉が福島正則へ与えたものであったが、母里友信が福島正則の挑発を受けて大盃になみなみと注がれた数杯の酒を一気に呑み干したことから、褒美として日本号を受け取ったという。これによって「呑取り日本号」という異名がつけられたといわれている。

イエス・キリストの死亡確認に使われた槍

ロンギヌスの槍

イエス・キリストにまつわる聖遺物

ロンギヌスの槍は、イエス・キリストの死を確認するために使われた槍で、聖遺物でもあるため「聖槍」とも呼ばれる。

ロンギヌスの名の由来は、槍をキリストに刺したローマ兵の名からつけられたとされており、その際に彼は緑内障を患っていたが、キリストの血が目に落ちたことにより、その視力を回復したといわれる。

世界を制する力を備えた槍

ロンギヌスの槍は、さまざまな伝承や神話などにも記述があり、その槍身には聖性が宿り、驚異的な力を備えていたと伝わっている。

キリスト教の説話としての性質が濃いとされる「アーサー王伝説」では、かの円卓の騎士たちの前に「聖杯」（220ページ）とともに現れたとされ、穂先から、イエス・キリストの血を滴らせた白い槍「ロンゴミアント」（124ページ）として登場し、アーサー王が最後の戦いにおいて、この槍で宿敵モードレッドを倒したとされている。

ほかには、ロンギヌスの槍を持つ者には世界を制する力が与えられるという伝承があり、アドルフ・ヒトラーの世界征服の野望は、ウィーンのホーフブルグ王宮でロンギヌスの槍の霊感を受けたことから始まったとされる俗説も存在している。

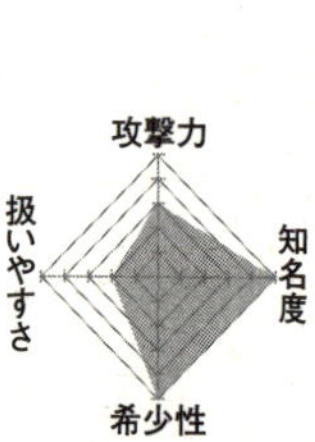

総合評価 B

備考 キリストにとどめをさしたといわれる槍

分類

新約聖書／ヨハネの福音書

ロンギヌスの槍

岩《いわ》融《おとし》

武蔵坊弁慶愛用の薙刀

巨大かつ絶対的な強度を持つ薙刀

岩融は、源義経の従者として有名な武蔵坊弁慶が愛用していたとされる巨大な薙刀である。

通常、薙刀といわれて現代人が連想する薙刀は、厳密にいうと小薙刀である。岩融はそれとは桁違いの大きさであり、刃部分のみで三尺五寸（約1・05メートル）といわれており、巨漢である武蔵坊弁慶であったからこそ使いこなせた武器であった。

その作者は、一般的には伝説的な名工と名高い三条宗近であるといわれているが、それを裏づける説は乏しく、さらに実物も現存していないので、それぞれの研究者の解釈により説が異なる。

なんにせよ、武蔵坊弁慶とともに激しい戦いをくぐり抜けたことを考慮すれば、作者は誰にせよ、相当の業物であったに違いない。そして、岩融がもっとも活躍したのは、戦場ではなく、武蔵坊弁慶と源義経が出会ったきっかけである五条大橋での刀狩りだろう。

武蔵坊弁慶は、京の都で1000本の刀を奪おうと目標を立て、それを実行に移した。その理由は自分の力の誇示とも、自分への試練ともいわれている。

源義経に敗れるまで刀狩りは続いたわけだが、そのあいだ何百人もの武芸者を相手にしたにもかかわらず、壊れなかった岩融の強度は尋常ではない。もしかすると、岩融は切れ味などの殺傷能力よりも、耐久性や強度に特化した薙刀だったのかもしれない。

総合評価	D
備考	—

分類
義経記

岩融

方《ほう》天《てん》画《が》戟《げき》

三国志最強の武将・呂布奉先の武器

呂布奉先愛用の特殊な戟

方天画戟は、書物『三国志演義』のなかで最強と名高い武将、呂布奉先が愛用した特殊な形状の戟《げき》である。戟とは、矛《ほこ》と戈《か》の機能を融合させた武器であり、穂先の両側に月牙と呼ばれる横刃が付いていることが特徴であるが、方天画戟には、片方にしか月牙が付いていない。また、方天画戟のように、片方にしか月牙が付いていない戟は、「青瀧戟」や「単戟」、「戟刀」とも称されていた。

呂布奉先とともに畏怖された方天画戟

呂布奉先とともに、戦場でまみえた武将をことごとく震えあがらせた方天画戟であるが、武器として優秀であるというエピソードは少ない。むしろ呂布奉先の武勇があったからこそ、方天画戟が有名になったといえるだろう。

逆に、武器としてではなく、戦の調停のために、弓の的として使用したなどの逸話が伝わっていることを考えると、それほど大事に扱われてはいなかった可能性のほうが高いといえるのではなかろうか。

また、当時の技術では方天画戟を作成することが不可能だったという説が論じられるようになっており、その存在自体が不確かになっていたりもする。

ある意味、方天画戟は呂布奉先の人の域を超えた強さが作りあげた、伝説の類なのかもしれない。

総合評価	B
備考	—

分類
三国志演義

スピア

用途が広い万能武器

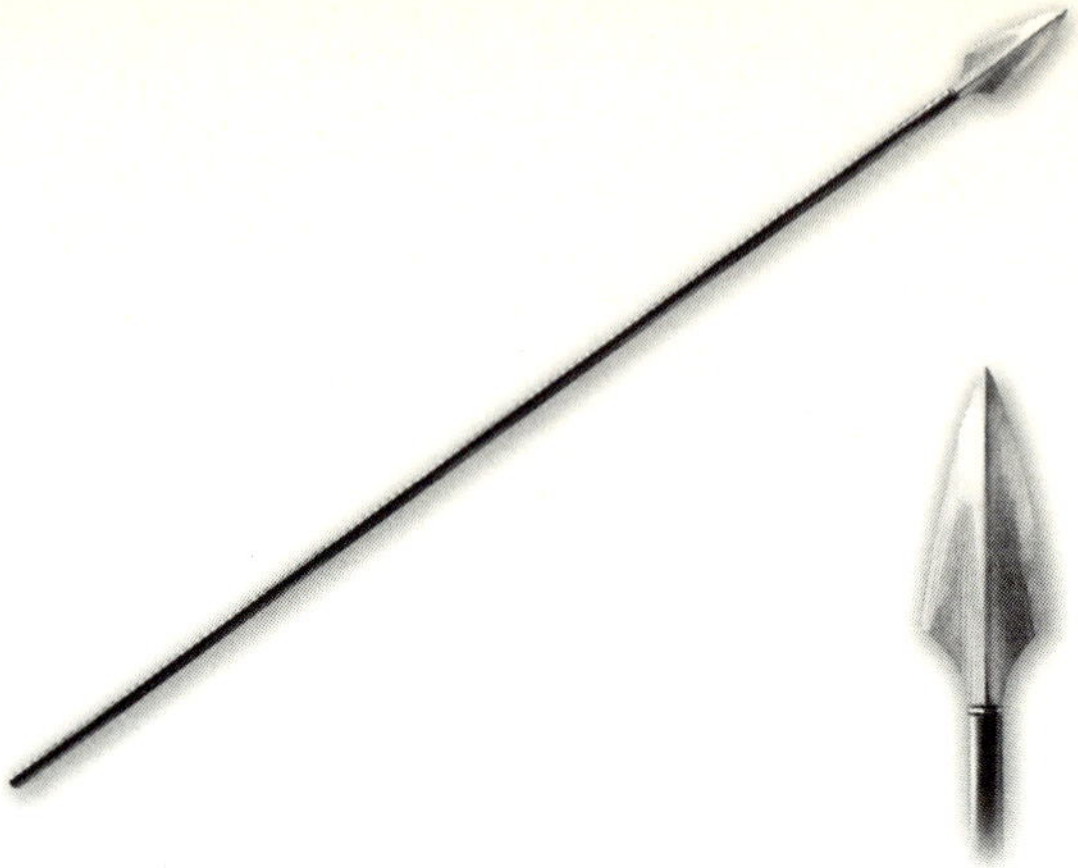

先制攻撃に向いた長柄武器

スピアは、相手を叩いたり突き刺したりなどして攻撃する長柄武器であり、長きにわたって戦場の主兵装として活躍したといわれている。おもに、柄と槍頭のふたつの部品で構成されており、槍頭は硬質の刃状で、その素材は石や金属などが使われており、柄部分は木製の場合が多い。それらは、「かぶせ式」と呼ばれる方法で作成されている場合が多く、修理が簡単に行えるという特徴があった。しかし、そのため折れやすく、たびたび補強が行われたとされている。ほかにも、とりあえず突き出せば相手を倒せることやリーチがあることから、死への恐怖感が少なく、新参兵などでも簡単に扱えたという特徴がある。

長い物では、7メートル以上のものもあり、その長さや威圧感から、軍事力の象徴として扱われることも多かったという。

総合評価	C
備考	—

分類
史実

ランス

ヨーロッパの騎兵が用いた武器

重装備の相手に効果的な武器

ランスは、中世から近代にかけて主にヨーロッパの騎兵が、戦場や馬上試合で用いた武器。刃物が付いておらず、棒の先端が尖っており、それを敵に向かって突き出し、刺して倒す方法がおもな使用方法である。そして、片手武器のなかではズバ抜けて長く、なかには4～5メートルクラスの長さのものも存在している。また、あくまで人間が扱うので、太くても人間の腕よりも細く作られている。しかし、頑丈な鉄で作られているので、それなりの強度は確保されていたようだ。

さまざまな書物や映像において、細長い円錐の形をした「ヴァンプレイト」と呼ばれる大きな笠状の鍔《つば》が付いた形状で描かれることが多いが、必ずしも実際ランスがその形をとっているわけではない。

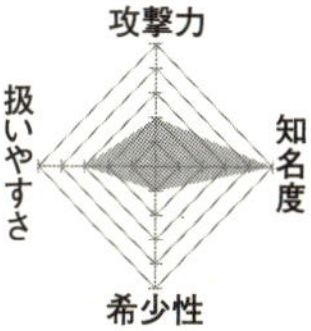

総合評価　C

備考　—

分類

史実

スコーピオン

巨大な穂先を持つ武器

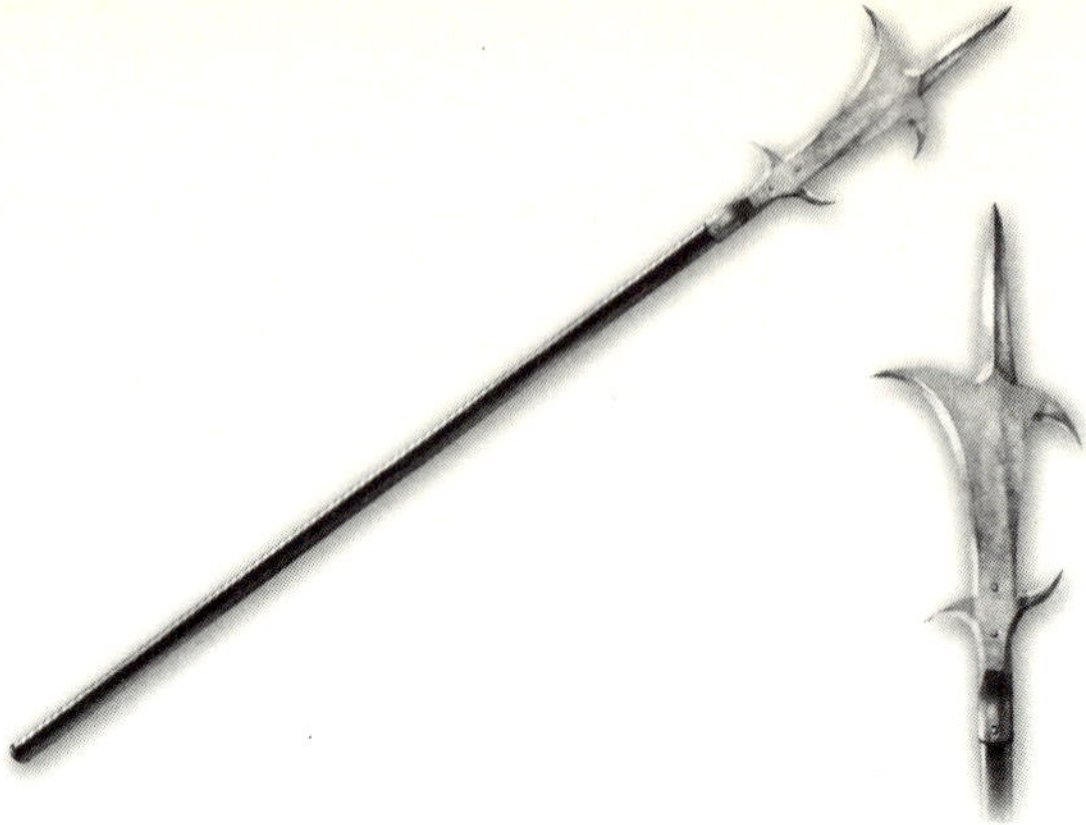

独特の形状の穂先が特徴の長柄武器

スコーピオンは、16世紀のイギリスで誕生したといわれており、全長2・2～2・5メートル、重さ2・5～3キロの長柄武器で、独特な形状の巨大な穂先が最大の特徴である。

その穂先は70～80センチほどの大きさで、全体の約1／3を占め、突く、切る、引っかけるなどのさまざまな攻撃方法を可能にするために、独特な形状になったとされている。また、その穂先の形状によりさまざまな攻撃が可能だが扱いが難しく、正式な訓練を受けた正規の軍隊でしか用いられなかったという。

ちなみに、スコーピオンという名称は、穂先がスコーピオン（さそり）に似ていることから名づけられたといわれており、穂先に毒を仕込んで使用したからというわけではない。

総合評価	D
備考	ー

分類
史実

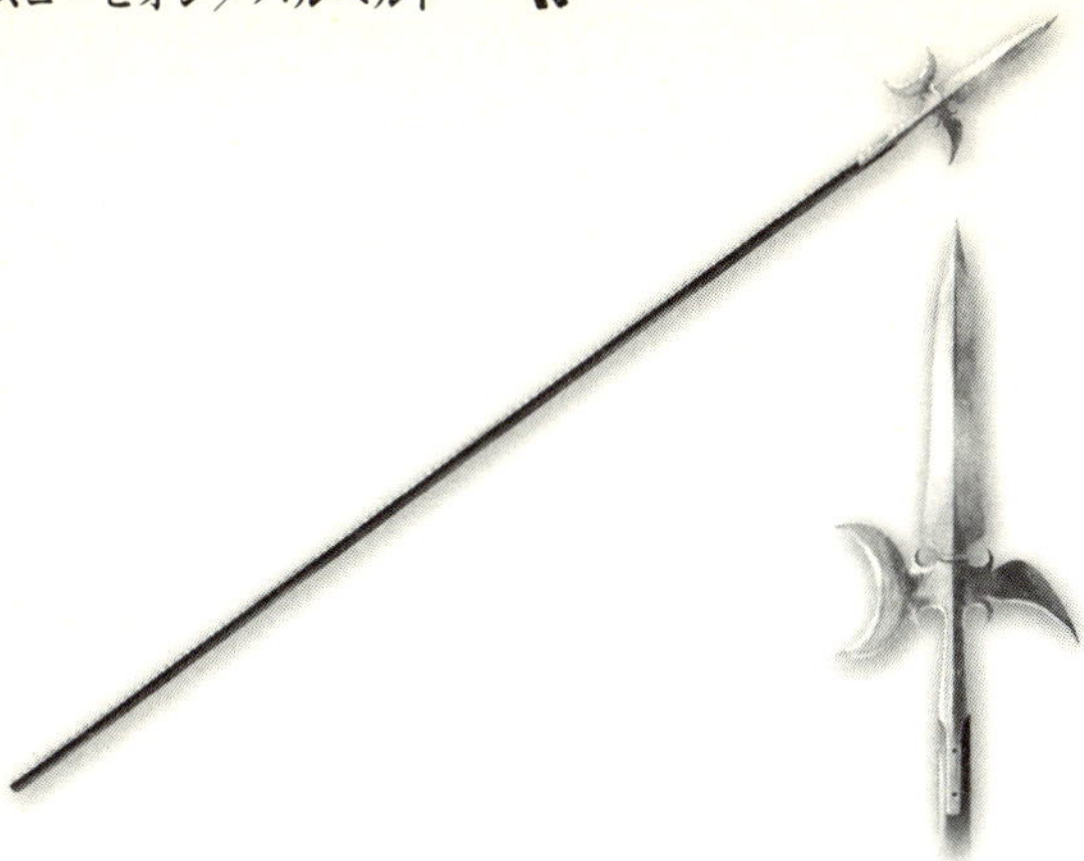

ポールウェポンの完成型
ハルベルト

ヨーロッパにおける白兵戦の主力武器

ハルベルトは、15～19世紀のヨーロッパで主に使用されていた長柄武器であり、「ハルバート」や「ハルバード」と呼ばれる場合もある。その名の由来は、ドイツ語の棒を表す「ハルム（halm）」と、斧を表す「ベルテ（berte）」を組み合わせた造語からという説が有力とされている。長さは2～3・5メートルと種類により異なり、槍の穂先に斧頭、その反対側に突起が取り付けられている。この形状ゆえに、ほかの武器よりも用途が広く、斬る、突く、引っかける、叩くなどさまざまな攻撃を繰り出すことができ、ヨーロッパでマスケット銃が登場するまで、白兵戦の主力武器として活躍した。

　武器としてだけではなく、洗練された形状により美術品としての価値も高く、祭典などさまざまな場面で使用された。

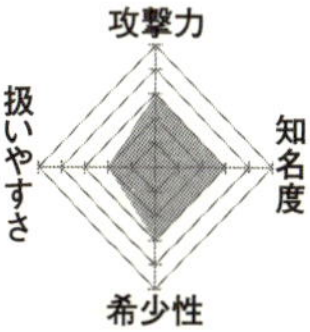

総合評価	C
備考	—

分類
史実

対騎兵用のポールウェポン

パイク

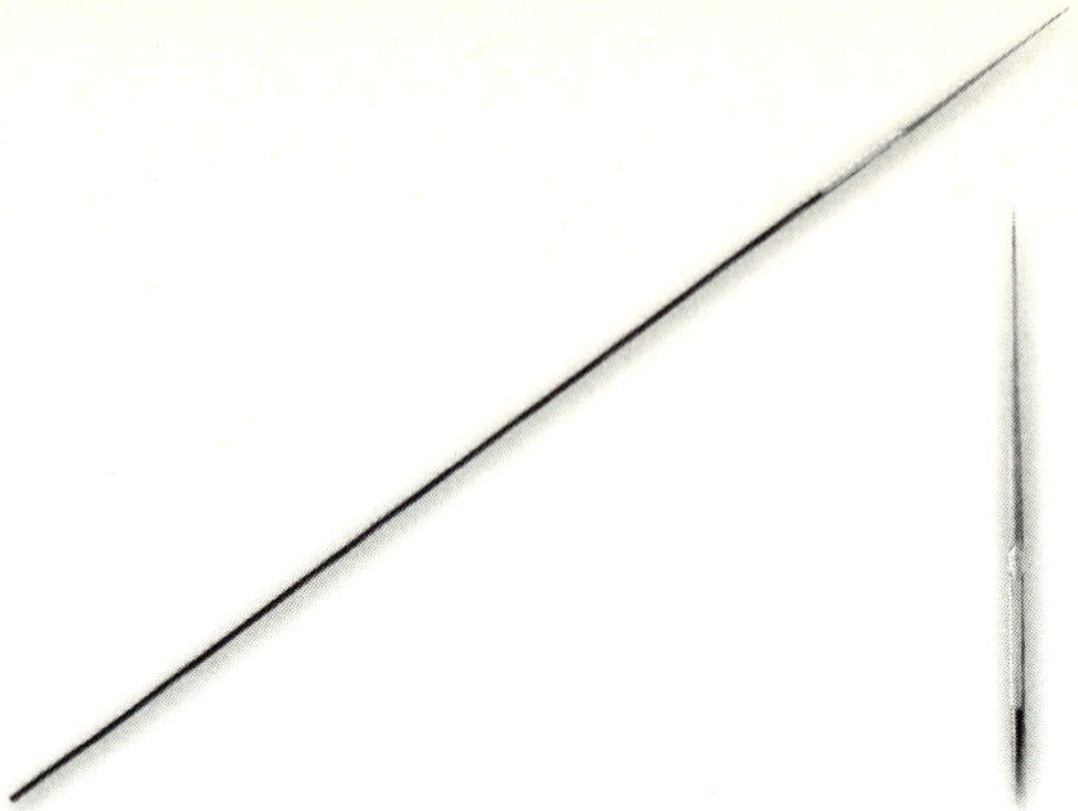

抜群の迎撃効果を備えたポールウェポン

パイクは、15～17世紀のヨーロッパにおいて使用された、4～7メートルの柄に突き刺す刃が先端に付いた、歩兵用の対騎兵用武器である。使用方法は、通常の槍のようにただ突くのではなく、歩兵に対しては上から叩きつけ、騎兵に対しては、大勢が隙間なく並び、パイクを突き出して対抗したといわれている。

その効果は絶大で、アルベドの戦いにおいて、イタリアきっての精鋭といわれたミラノ騎兵を、パイクを使用したスイス盟約者団が撃退したほどである（戦い自体は敗北）。

このことから、スイス盟約者団ではパイクを主力武器として採用。ヨーロッパでもっとも精強な軍隊へと成長したといわれ、銃剣が発明される17世紀末まで、ヨーロッパ全土でパイクは使用された。

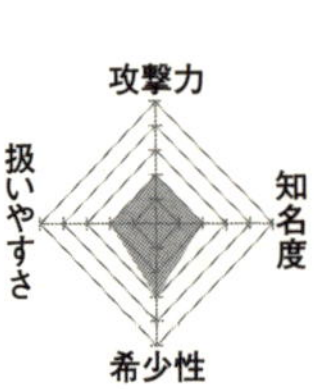

総合評価	D
備考	—

分類
史実

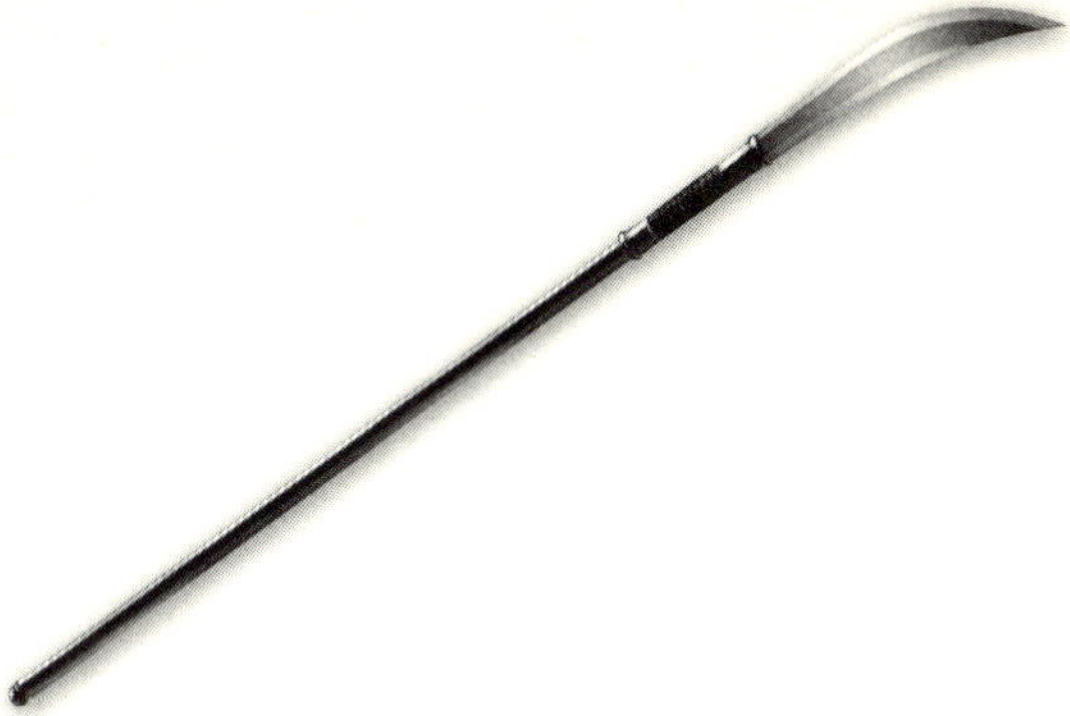

薙刀《なぎなた》

女性でも扱いやすい武器

人馬を薙ぐ刀

薙刀は、刀に柄を付けた武器から発展したため、鍔《つば》があり、柄の断面も楕円形をしている。奈良時代から平安時代にかけて、僧兵が寺院の守護のために使用し、その威力を発揮したことを皮切りに、鎌倉時代から室町時代にかけて戦場での主武器になったといわれている。

男性用と女性用で仕様が異なり、男性用は反りが少なく「静型《しずがた》」、女性用は反りが大きく「巴型《ともえがた》」と呼ばれる。薙の文字が入っていることが示す通り、横に払って斬ることがおもな使用方法である。

もともとは、「奈木奈多」と表記されたり、「長刀」の文字があてられていたが、長い刀を意味する「長刀」と区別するために、人馬を薙ぐ刀という意味から薙刀と名づけられた。しかし、現在も武術の世界では薙刀ではなく、「長刀」と表記されることが多い。

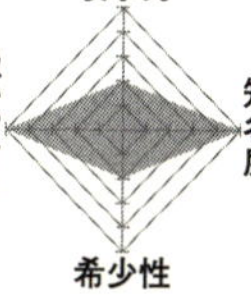

総合評価	C
備考	—

分類
史実

叉《さ》

武器十八般のひとつ

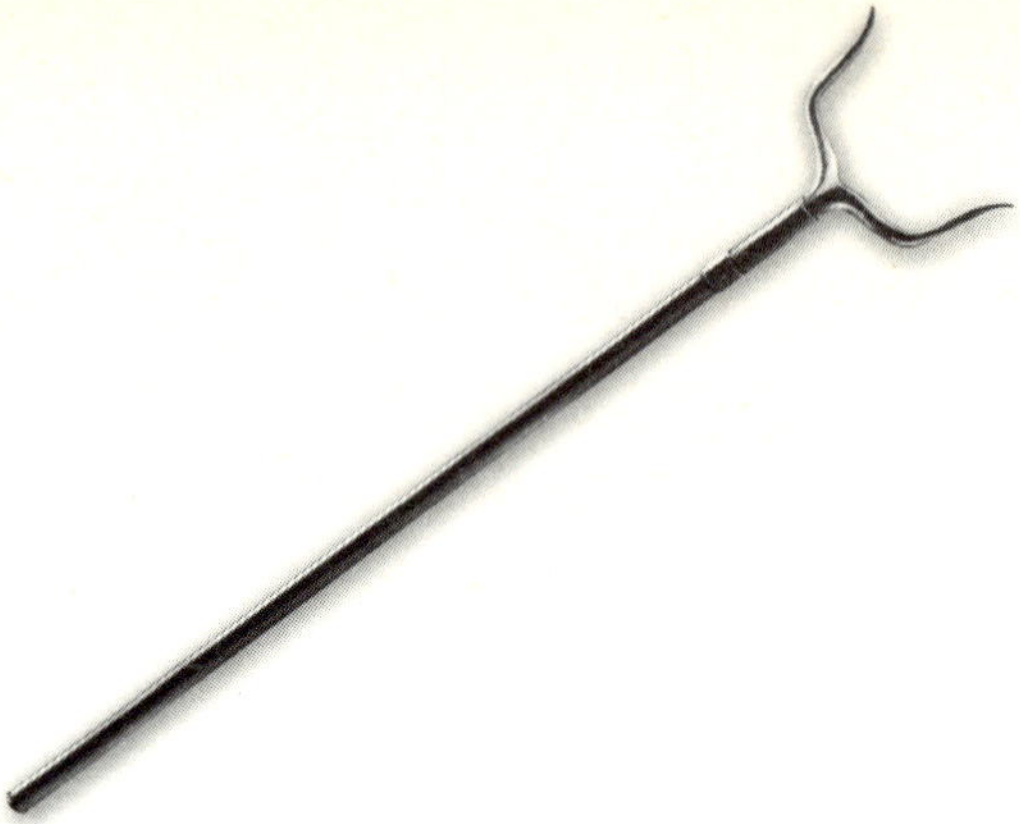

穂先部分がフォーク状の武器

　叉は、中国における武器十八般に数えられる長柄武器の一種であり、日本における刺叉《さすまた》や熊手《くまで》などに該当する武器といわれる。最大の特徴は、穂先部分がいくつかに分かれており、その数や形状により三叉《みつまた》や河叉《かわまた》などさまざまな名称で呼ばれ、微妙に武器自体の性能が変わる。

　三叉は藁をすくい取る農耕器具の三つ又そのものであり、河叉は左右二本の刃が外側にやや湾曲しており、相手の刃を絡めとりながら攻撃に転じられる機能が追加されたりしている。ただし、基本的には、どの叉も打突により相手を倒す仕様であることは共通している。

　ちなみに、日本における叉に該当する武器の刺叉は、中国の叉とは使用方法が根本的に違っており、犯罪者の捕縛や、火事の際の消防用として家屋の崩落を促すために使用されていた。

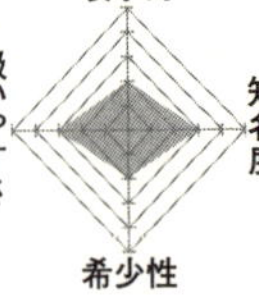

総合評価	D
備考	—

分類
史実

眉《び》尖《せん》刀《とう》

鋭い片刃の長柄武器

薙刀に似た特徴を持つ武器

眉尖刀は長柄武器の一種で、刀身は狭く長くなっており、片刃で刀尖が鋭利になっている長柄武器である。基本は、「薙刀」（121ページ）と一緒で、その使用方法や武器自体の特徴も薙刀と変わりはないといえる。しかし、注意しなくてはいけないのが、眉尖刀に見える武器でも、その形状により名称が変化するということだ。

例えば、刃の先端部分が象の鼻のように丸まったような形状の場合は、「象《ぞう》鼻《び》刀《とう》」であり、立てたときに刃が鷹の形をしていれば、「鷹《よう》頭《とう》刀《とう》」となる。なぜこのようにいちいち名称が変化するのかというと、間合いや力のかかる部分が違うからといわれている。

ちなみに、日本での眉尖刀の名手として有名なのは、「関ヶ原の戦い」で、石田三成の参謀として活躍した島左近（島清興）である。

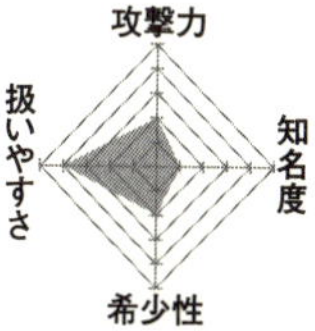

総合評価	D
備考	—

分類
史実

先端が三つに分かれた武器
トライデント

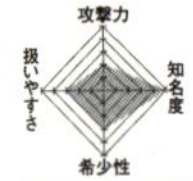

総合評価　C
備考
—
分類
ギリシャ神話／史実

ポセイドンも使用したといわれる鉾

トライデントは、ギリシャ語で「三つの歯」を意味する言葉で、その名の通り、穂先が三つに分かれた鉾《ほこ》である。また、ギリシャ神話に登場する、海神ポセイドンが使用したとされる武器としても有名である。刺突がおもな戦法であり、トライデントによりつけられた傷は治りにくかったといわれている。

もともと魚を捕るための道具で、その鉾先には鹿の角が使われていたといわれているが、国家により制式に武器として採用されたことはない。しかし、古代ローマ時代から武器として使用されていたと伝わっている。中央アフリカなどでは、漁具、武器としてのほかに、雨乞いの儀式にも使われたという。

アーサー王愛用の槍
ロンゴミアント

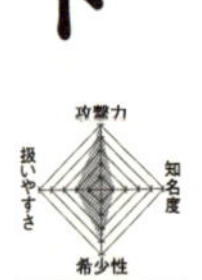

総合評価　C
備考
—
分類
アーサー王伝説／ケルト神話

長く幅広である名槍

ロンゴミアントは、「アーサー王伝説」に登場する、アーサー王愛用の名槍である。通称「ロン」と呼ばれており、カムランの戦いで宿敵モードレッドを倒した逸話が有名である。その威力はすさまじく、一撃で500人もの相手を吹き飛ばすなど、ロンゴミアントの威力に関するさまざまな逸話が残っており、伝説の武器にふさわしい威力を兼ね備えていたといえる。

「ロンギヌスの槍」（110ページ）と同一視されることがあるが、その真偽ははっきりしていない。ただし、キリスト教の説話であると考えるならば、宗教的な意味において、同一の物である可能性が高いといえるだろう。

紅き投げ槍と黄金の柄

ガ・ボルグとガ・ボー

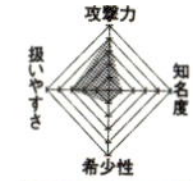

総合評価　D
備考
—
分類
フィン物語／ケルト神話

フィン物語群に描かれた魔槍と名槍

『フィン物語』群のなかのひとつ、「ディアルミドとグラーネの追跡」で描かれた魔槍と名槍が、ガ・ボルグとガ・ボーである。ガ・ボルグは、若武者ディアルミドがダーナ神族ダグザの息子であるオイングスから贈られた紅き投げ槍。ガ・ボーは、魔術師マナナーン・マク・リルから贈られた、黄色い投げ槍である。

ガ・ボルグには、どんな魔法も効かない力、ガ・ボーには、傷つけたものを回復させない力が宿っていたとされている。

ちなみに、「ガ・ジャルグ」や「クランボ」と表記される場合があるが、研究者や翻訳者の解釈によっては、ガ・ボー＝クランボではない場合がある。

エリン四秘宝のひとつ

ブリューナク

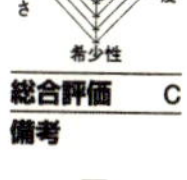

総合評価　C
備考
—
分類
ケルト神話

太陽神ルーが所有した魔槍

ブリューナクは、「貫くもの」の意味を持った太陽神ルーが所有する魔槍であり、ダーナ神族のエリン四秘宝のひとつに数えられている。

必ず勝利をもたらす槍、投げると稲妻になり敵を死に至らしめる槍などと称され、槍自身が意志を持っており、自動的に敵に向かって飛んでいくという。

一説によれば、槍ではなく投石機から発射される弾（タスラム）であったとされ、太陽神ルーの祖父である魔眼のバロールの目を貫き倒したのも、ブリューナクであるといわれている。

ちなみに、太陽神ルーは、ブリューナクを振るう姿から、「長腕のルー」とも呼ばれていた。

破壊神シヴァ愛用の三叉槍

ピナカ

総合評価　C

備考

—

分類
ヒンドゥー神話

シヴァの力の象徴

ピナカは、破壊神シヴァが愛用した神槍であり、先端部分が三つに分かれた、三叉槍であるといわれている。また、この三つに分かれた先端部分が、iccha（愛、欲望、意志）、kriya（行動）、jnana（知恵）を表しているとされている。ピナカは、シヴァが創造神ブラフマーの加護によって守られた悪魔の都を破壊する際に用いられたといわれており、一撃で天界の金の都、空の銀の都、地上の鉄の都、すべてを破壊した。

異説では、ピナカは弓であり、シヴァが所有する槍は、ヒンドゥー語で3を意味する「tri」と、槍を意味する「sula」を組み合わせた、「トリシューラ」や「トリシル」であるとする説もある。

国産みの矛

天《あま》之《の》沼《ぬ》矛《ほこ》

総合評価　C

備考
祭事用の可能性が高い

分類
日本神話

オノゴロ島を産んだ矛

天之沼矛は、国土創世譚を伝える神話「国産み」に登場する矛である。

国産みにおいて、イザナギノミコトとイザナミノミコトが、天浮橋に立ち天之沼矛で渾沌とした大地をかき混ぜたときに、矛から滴り落ちた塩が積もって、オノゴロ島ができたと伝わっている。その後、イザナギノミコトとイザナミノミコトは、オノゴロ島に降り立ち、そこに天御柱を建てて、神々や島々を生み出したとされている。

つまり天之沼矛は、武器本来の用途、殺傷能力などの機能は、そんなに優れておらず、祭事用の道具であった可能性が高いといえるだろう。

関羽雲長愛用の大刀

青《せい》龍《りゅう》偃《えん》月《げつ》刀《とう》

総合評価　C
備考
—
分類
三国志演義

青龍が刻まれた大刀の一種

青龍偃月刀は、小説『三国志演義』において、劉備配下の武神、関羽が使用した大刀の一種であり、別名「冷艶鋸《れいえんきょ》」と呼ばれた。物語内では、商人である張世平に提供されたものであり、村の鍛冶屋に作らせたといわれている。重さは82斤（約18キロ）あったとされ、偉丈夫の関羽だからこそ使いこなせたといえよう。

関羽の死後、青龍偃月刀は関羽を捕縛した呉の潘璋に褒美として与えられたが、関羽の子である関興が潘璋を討ち倒した際に奪い返し、青龍偃月刀は親から子へと受け継がれた。しかし、これらの逸話は『三国志演義』内のものであり、実際には、関羽は青龍偃月刀を使用していない。

張飛翼徳愛用の矛

蛇《だ》矛《ぼう》

総合評価　C
備考
—
分類
三国志演義

一尺八寸の丈八蛇矛

蛇矛は、小説『三国志演義』に登場する劉備配下の燕人・張飛が愛用した矛であり、長さは一丈八尺（約5・4メートル）の巨大なものであったとされ、刃の部分が蛇のようにうねりがあるのが特徴である。

この蛇矛も、関羽の青龍偃月刀と同様に、劉備が義勇軍旗揚げの際に、商人である張世平に提供されたものであるといわれているが、このほかに、もともとこの蛇矛は、張飛が退治した全長一丈八尺の大蛇であるという逸話もある。どちらにしろ、張飛の驚異的な武力を体現した武器であることは間違いないだろう。ちなみに蛇矛も青龍偃月刀同様に、史実の三国時代には、まだ発明されていない。

COLUMN

槍の名手と謳われた伝説の英雄たち

槍は刀剣と並んで、戦場で広く用いられた武器のひとつ。それだけに、槍の名手と謳われた英雄も多い。ここでは、そんな達人たちのなかから、東洋に伝わる伝説的な槍の名手4人を紹介しよう。

宝《ほう》蔵《ぞう》院《いん》胤《いん》栄《えい》
(1521~1607／日本)

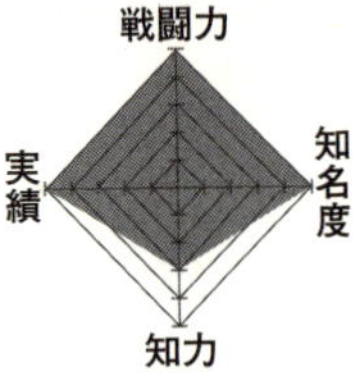

宝蔵院流槍術の開祖。十文字槍を使ったこの槍術は、攻守に優れており、一大流派として発展。その弟子たちによる、数々の分派を産み出した。ちなみに、下記の高田又兵衛も弟子のひとりである。

高《たか》田《だ》又《また》兵《べ》衛《え》
(1590~1671年／日本)

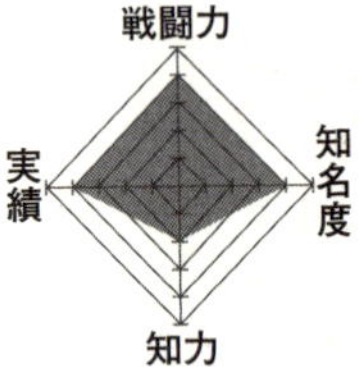

「槍の又兵衛」のふたつ名で知られる槍の名手。幼いころ、岡八幡の杜に棲む天狗に武芸の奥義を伝授されたとか、剣豪・宮本武蔵と試合を行い勝利したといった、さまざまな伝説を持つ。

趙《ちょう》雲《うん》子《し》龍《りゅう》
(生年不詳~229年／中国)

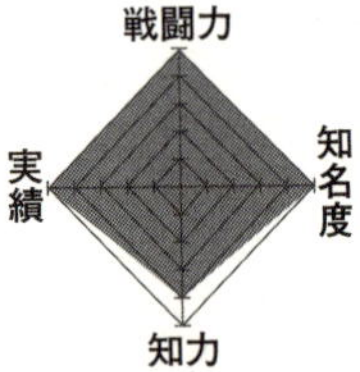

三国時代の武将。関羽、張飛に並ぶ猛将で小説『三国志演義』においては槍の名手とされる。君主である劉備の子を抱き、単身で敵軍の包囲を突破した「長坂単騎駆け」の逸話でも知られる。

李《り》書《しょ》文《ぶん》
(1864~1934年／中国)

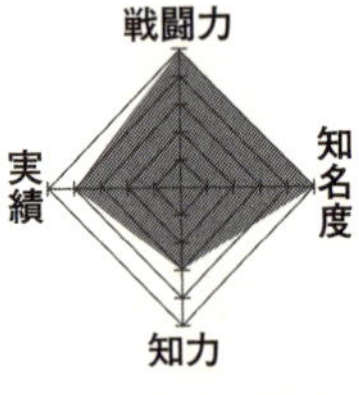

清朝末期の武術家。真剣勝負においては負け知らずであったとされる武芸の達人。「神槍」の異名を持ち、壁に止まっていた蠅を壁を傷つけることなくすべて槍で突き落としたという逸話がある。

第四章
殴打武器

有史以前から用いられてきた、人類最古の武器

第四章では、クラブやメイスなどの殴打を目的とした武器を紹介していく。

相手を殴打するというシンプルな用途のこの武器は、有史以前の猿人や原人が手にした「木ぎれ」や「骨」にその起源を見ることができる。

これらは厳密には武器とは呼べないものかも知れないが、硬いもので相手を殴るという行為は、人類誕生のときから用いられてきた、もっとも原始的で効果的な攻撃手段のひとつなのだ。

やがて金属の加工技術が発達してくると、武器の主流は刀剣や槍などの刃物類へと移行していく。とはいえ、こうした時代になっても殴打武器は完全になくなったわけではなく、バトル・アックスなどの金属を使った新たな武器が誕生する。

バトル・アックスは刃物の一種ではあるが、その使用法は斬るというよりは、叩き割るといった殴打に近いものであった。また、そのほかにも、メイスやウォーハ

ンマーといった金属製の殴打武器が作られていく。

こうした殴打武器が作られた大きな理由は、鎧などの重装備に対抗するためだった。特に西洋では全身を覆うような重厚な金属製の鎧が多用されたため、こうした防具に対しては〝斬る〟ことを目的とした剣よりも、〝叩く〟ことを目的とした武器のほうが効果的であったのだ。

また、鉄の塊であるメイスやウォーハンマーは斬ることができない代わりに、刃こぼれしたり折れたりしやすい剣と比べると、強度という点でははるかに優れていた。こうしたことも刀剣が全盛した時代にあって、殴打武器が残り続けた要因のひとつであろう。

殴打武器の欠点は、なんといってもその重量である。これはそのまま殴打した際の威力へと繋がるのだが、刀剣などと比べるとかなり重いため、使用者にはそれなりのパワーやスタミナが要求された。また、攻撃のすばやさという面においても、刀剣には大きく劣ってしまう。

今日、刀剣などと比べて殴打系の武器がいまひとつメジャーでないのは、こうした要因によるところが大きいのかもしれない。

雷神トールが愛用した槌

ミョルニル

神話中、最強クラスの武器であるミョルニル

ミョルニルは、「北欧神話」で最強といわれる雷神トールが所持する魔法の槌である。小人族（ドワーフ）の名匠、ブロックとエイトリの兄弟によって作られた逸品で、投げれば必ず敵に命中し手元に戻ってくるほか、使用しないときは小さくしてポケットに収めることもできたという。

トールは、ミョルニルで何人もの巨人を打ち倒しており、神話に登場する数々の武器のなかでも、最強クラスの部類に入るのは確かである。

しかし、ミョルニルは非常に重いため、力自慢だった持ち主のトールでさえ、ミョルニルを扱うときには体を巨大化させたうえで、神力が2倍（1・5倍という説もある）になるといわれるメギンギョルズという帯を巻いていた。

さらに、「稲妻」を表すミョルニルという名の通り、突起部から炎を吹き出すために本体が高熱を帯びており、イルアン・グライベルと呼ばれる鉄の篭手をはめる必要もあった。こうした理由から、神々のなかでもミョルニルを扱える者は、トールと、その息子であるマグニくらいしかいなかったといわれる。

トールはこの槌を片手に、タングリスニルとタングニョストという、2匹の黒山羊に引かせた戦車に乗って駆け回った。その轟音は雷鳴となったという。

さて、投げれば必ず相手を打ち倒すミョルニルだが、

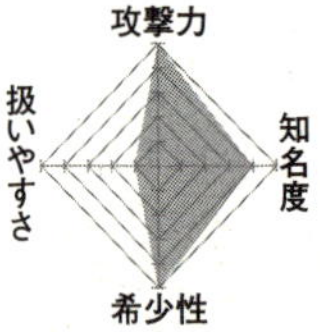

総合評価　B

備考　何人もの巨人を打ち倒した

分類　北欧神話

実は死んだ動物を甦らせる力も持っており、戦車を引かせている山羊を食糧として食べてしまったあとで、ミョルニルを使って生き返らせている。

また神話のなかでは、掲げて祈ることで、子供には健やかな成長、花嫁には子宝、死者には安らかな死を与えるなど、「清め」の能力を発揮する場面も描かれており、戦うためだけの武器ではなかったようだ。

ミョルニルを盗まれて花嫁姿になったトール

トールのトレードマークともいえるミョルニルだが、実はトールと仲がよかった奸智の神ロキの悪戯がきっかけで、オーディンの槍である「グングニル」（241ページ）や、魔法の腕輪「ドラウプニル」（98ページ）などとともに、神々にもたらされたものだった。ロキの悪戯とトールがミョルニルを手にした経緯は、グングニルのほうに記してあるので、参照していただきたい。

さて、豪胆で勇猛なトールだが、彼には少々そそっかしいところがあり、あるとき大事なミョルニルを巨人の王スリュムに盗まれてしまう。

そしてスリュムは、ミョルニルを返還する代償として、神々のなかでももっとも美しいといわれる、女神フレイヤを花嫁とすることを要求してきた。

もちろん、誇り高いフレイヤがこのような話を承諾するはずもない。困った神々が相談をしたところ、光の神ヘイムダルが「トールがフレイヤの花嫁衣裳を着て変装し、直接取りに行くのがよいのではないか」と言いだした。

この計画には、さすがにトールもかなり難色を示したが、もともとは自身のミスで起きたことなので渋々承諾。変装がばれないように、口達者なロキを協力者にして、巨人たちのところへ向かうことにする。

こうして巨人たちのもとへやってきたトールは、ロキのサポートもあってスリュムを騙し通す。そして婚姻の儀式が始まった。

北欧ではハンマーは子宝の象徴とされており、婚姻の儀式でハンマーを使用する風習がある。スリュムによって隠されていたミョルニルは、婚姻の儀式に従って使われることになり、花嫁に化けたトールの膝の上に置かれた。

ミョルニルを盗まれたあげく、花嫁の格好をするという屈辱にじっと耐えてきたトールは、ミョルニルを手にした途端に抑えていた怒りをついに爆発させる。スリュムをはじめとする、式に参加していた巨人族のすべてを、ミョルニルで血祭りにあげたという。

ラグナロクを経て息子に継承される

オーディンの息子で光を司る神バルドルが、ロキの策略で死んだあげくに復活も阻止されるという事件が起きると、世界は光を失って巨人族との最終決戦であるラグナロクを迎えることになる。

この戦いで、オーディンをはじめとするアース神族は敗北する運命にあったが、神々は臆することなく戦い、そして散っていった。

トールが戦った相手は、巨大な蛇であるヨルムンガルド。ヨルムンガルドは、ロキと巨人族の間に生まれた子供で、生まれてすぐ海に捨てられながら人間が住むミッドガルドを取り巻くほどの成長したため、世界蛇と呼ばれるようになった。ヨルムンガルドは、トールが幾度も対峙しながら、決着がつかなかった唯一の相手だったのである。

この戦いでも、トールはミョルニルを片手にヨルムンガルドと戦い、ついに頭を叩き潰して倒すことに成功する。しかし、トールもまたヨルムンガルドの毒を受けており、直後に絶命してしまうのだった。

ラグナロクは、最後に残ったムスペルヘイムの炎の巨人スルトが、世界を焼き尽くしたのちにどこかへ去って終焉を迎える。しかし、世界が一度海中に没したのちに新たな地上が生まれ、一部の神々が甦るとともに、隠れていたオーディンの子ヴァーリやトールの息子マグニが現れる。そして、ミョルニルはマグニに発見され、継承されていくのであった。

斉天大聖が持つ不思議な金属棒

如《にょ》意《い》棒《ぼう》

孫悟空だから扱える伸縮自在の棒

如意棒は、小説『西遊記』に登場する孫悟空の武器として知られている。正式には「如意金箍棒《にょいきんこぼう》」といい、見た目は両端に金のたががはめられた金属棒なのだが、持ち主の意に従って大きさを自在に変える性質がある。最大で、上は神々が住むとされる三十三天、下は十八地獄に届くほどというから、ほぼ無限に大きくなると考えてよいだろう。もちろん小さくすることも可能で、孫悟空が普段持ち歩くときは、耳に入るほどの大きさにしていた。

色については諸説があり、日本では赤や黒が一般的だが、本家の中国では銀色の場合が多いようで、この違いがどこから生じたのかは不明である。

孫悟空は如意棒を武器として使っていたが、最初から武器だったわけではない。最初の持ち主は、黄河の治水で功のあった夏王朝の禹王《うおう》で、紅海を測量する際に錘《おもり》として使用していたという。次の持ち主である東海竜王も、天の河の地固めに使用したものの、武器としては使っていなかったようである。

それもそのはず、孫悟空が最初に目にしたとき、如意棒は太さが一斗升（約35センチ）ほどもあり、ただの鉄柱にしか見えなかった。また、重さは一万三千五百斤（約8トン）という途方もないしろもので、そもそも簡単に動かせるようなものではなかったのだ。

このように、如意棒はとんでもなく重いのだが、孫

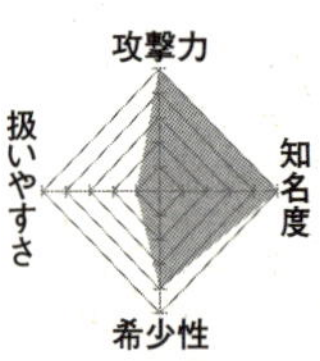

総合評価	B
備考	大きさを自在に変えられる金属棒
分類	西遊記

悟空は軽々と扱ってみせている。やはり、孫悟空が天地の精を吸った岩から生まれた、岩猿という特別な存在であるばかりでなく、仙人の修行を積んで神通力をも持っていたからなのだろう。

孫悟空と如意棒との出会い

東勝神州は傲来国の、対岸にある花果山。この火山島で天地の精華を浴びた岩から生まれた孫悟空は、猿たちの前で勇気を示し彼らのボスとなる。

まだ名がなかった彼は「美猴王《びこうおう》」と名乗り、石でできた邸宅、水簾洞で猿たちとともに暮らしていたが、限りある命の儚さを感じて、不老不死を求める旅に出た。そして、西午賀洲の須菩提祖師という仙人のもとで修行を積むことになり、孫悟空の名を得るとともに変化の術や觔斗雲《きんとうん》の術を習得し、不老不死の奥義を授かったのである。

ところが、孫悟空が修行を終えて花果山へ戻ってみると、水簾洞が妖怪にのっとられていた。妖怪を退治した孫悟空は、自衛のために猿たちを武装させることにし、対岸の傲来国から武器を奪ってくると、猿たちを軍隊のようにまとめあげた。

このとき、刀の扱いが苦手な孫悟空は、もっとよい武器はないかと思案していた。すると、部下の長老から竜王のところへ行き武器をもらってくることを勧められたので、孫悟空は竜宮へ行くことにした。

こうして、海中の東海竜王のもとへやってきた孫悟空だったが、竜王が見せた武器は軽すぎるとして満足せず、竜王も困り果ててしまう。するとそこへ、竜王の娘と夫人が現れ、「倉庫にある神珍鉄《しんちんてつ》が光りだしています。もしかしたら、この方を待っていたのかもしれません」と言った。

竜王は半信半疑だったが、ほかによい方法もなかったので、孫悟空を倉庫へ案内したところ、倉庫の中には高さ二丈ほどの神珍鉄が置いてあったのである。

しかし、神珍鉄が少々大きすぎたため、孫悟空は「もう少し細くて短いほうがいいんだが」と呟いたところ、神珍鉄はスルスルと小さくなった。

自在に大きさを変えられる神珍鉄が気に入った孫悟空は、神珍鉄に彫られていた「如意金箍棒」から如意棒と呼び、防具も一式強奪して竜宮から去った。

如意棒が開いた仏への道

如意棒を手にして意気揚々と引きあげた孫悟空だったが、孫悟空の所業が許せなかった東海竜王は、天界へ孫悟空の討伐を上奏した。

天界を統べる天帝は孫悟空を討伐しようとしたが、「仙術を修めたからには人間と同じ。天界へ召喚しましょう」と言う者がいたため、孫悟空は天界へ招かれ、官吏として働くことになる。

しかし、官職が低かったこともあり、孫悟空は仕事が役不足だとして天界を脱走。そして交渉により、次は希望通り「斉天大聖」の役職を用意させ、桃園の管理という仕事を任されたが、職務を怠けたあげくに桃を食べつくして再び脱走した。さすがに今度は天界から軍隊を差し向けられ、孫悟空は捕縛されて道教の神である太上老君の「八卦炉」に入れられたが、逆に強力な身体となって八卦炉から飛び出して暴れたため、釈迦如来によって五行山に封印されたのである。数百年後になって、孫悟空は観音菩薩の慈悲によって封印を解かれ、三蔵法師の弟子となる。そして、三蔵法師の供として、天竺へ経文を取りに行く旅に同行することになった。

孫悟空は、たびたび三蔵法師に反発しつつも必ず三蔵法師のもとへ戻り、最終的には取経の旅を完遂させる。その功績から、仏に列せられることになった。

しかし、孫悟空が旅をすることになったのは天界で暴れたためで、天界で暴れることになったのは、如意棒の入手経緯が原因である。ただの妖仙だった孫悟空が仏となることができたのは、如意棒によって道が示されたから、ともいえるのではないだろうか。

現在、孫悟空は「孫行者」という道教の神様として、信仰の対象となっている。

生と死を司る、最高神の棍棒

ダグザの棍棒

ダーナ神族の最高神であるダグザ

一般的にダグダの名でも知られるダグザは、ダーザやダウダなどとも呼ばれる。「ケルト神話」に登場するトゥアハ・デ・ダナーン、通称ダーナ神族として知られる一族の最高神で、豊穣や生産を司る神だ。

ダグザは、ケルト人が嫌ったという赤毛なうえに、大きな太鼓腹を持つ、貧相な服をまとった巨漢のおじさんといった外見で描かれている。ほかの神々が優雅で美しい姿で描かれるのとは対照的で、威厳とはほど遠い、およそ神らしからぬ姿であるといえよう。

しかし、豊穣や生産を司る神は、ほかの神話でも恰幅がよい姿で描かれることがある。太った体は、食糧の豊かさを表す象徴的な意味があるのだろう。

棍棒が示すダグザのもうひとつの顔

ダグザは、食べ物が尽きない大釜や何度も生き返る豚といった、生産や豊穣の象徴である多くの魔法の品を持っていた。ダグザの棍棒は、彼が所持する魔法の品のひとつだが、その巨大な身体にたがわず棍棒も巨大なもので、持ちあげるのに8人の力を必要とし、車輪に乗せて運んだという。また、先が8つに割れたこの棍棒は、一振りすれば8列の敵をなぎ倒し、根元で殴れば死者が甦るといわれている。この棍棒が彼の名を冠しているのは、ダグザが生死を司る神でもあるということを示しているのだ。

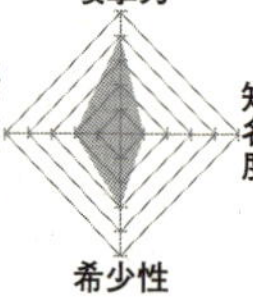

総合評価	D
備考	死者を甦らせることもできる

分類
ケルト神話

神ヤハウェの力を顕現させた聖なる杖

モーセの杖

神の力を示しイスラエルの民を脱出させる

聖典『旧約聖書』の「出エジプト記」に登場するイスラエルの指導者、モーセの持つ杖で、ヘブライの神ヤハウェの力を示すために使われた。

エジプトに住んでいたイスラエルの民は、ラメセス2世の時代から、奴隷として扱われるようになる。

神は、モーセにエジプトからイスラエルの民を連れ出すよう命じ、モーセはエジプト王（ファラオ）にイスラエル人の出国を許可するよう願い出た。

しかし、ファラオはモーセの言葉を信じなかったばかりか、奇跡を行うことを要求。口下手なモーセは困惑するが、モーセの兄アロンがファラオの前に杖を投げると杖が蛇に変化し、奇跡を見せた。

エジプトを出国したモーセとイスラエルの民は、エジプトの軍隊の追撃を受けたが、モーセは杖を掲げて紅海を割ると民とともに脱出。あとを追ったファラオの軍隊は、海に飲み込まれてしまったのである。

王の前で杖を投げたのがアロンだったことから、モーセの杖は「アロンの杖」ともいわれるが、『旧約聖書』のなかでも同一視されており、別のものではない。

なおモーセの杖は、「サムエル記」にも登場し、ダビデ直系の王によって代々に受けつがれたが、ソロモン神殿が崩壊したのと同時に不思議な力で消え去ってしまう。この杖は、やがてメシアが到来したとき、天を統べる権限の象徴としてメシアに渡されるという。

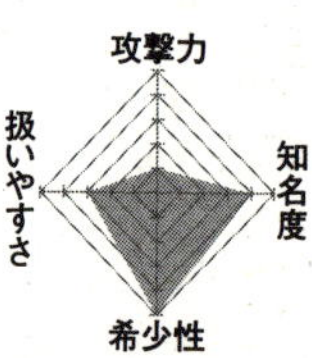

総合評価 C

備考 神の力で蛇になった杖

分類
旧約聖書

モーセの杖

バトル・アックス

工具から発展した高威力の武器

扱いに技量が必要だが、威力は非常に高い

バトル・アックスは、工具として使用されていた斧を戦闘用に作り直したものである。戦闘用の斧は、古くから世界各地でさまざまな形状のものが作られてきたが、一般的にバトル・アックスといった場合、ヨーロッパで使用されたものを指すことが多い。

柄の先端にヘッドが取り付けられていると言う点では、純粋に打撃を目的とした「メイス」（145ページ）と共通である。しかし、バトル・アックスにおいては、斧頭の重さを利用して断ち切ることが目的なので、大振りで厚みのある、弧を描いた刃が付いている。

重心が先端にあるバトル・アックスは、剣に比べて扱うために技量が必要とされたが、生活に密着した道具から生まれた武器として、特に北欧のアングロ・サクソン人が好んで使用していた。

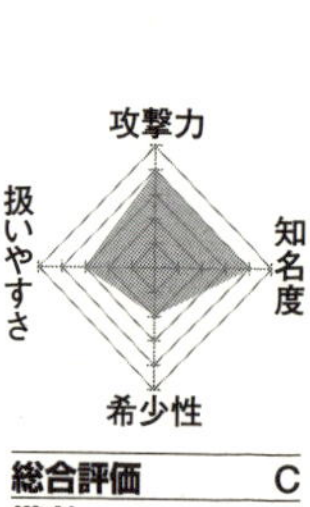

総合評価	C
備考	—

分類
史実

メイス

鎧に対抗するために発展した

板金鎧に対する切り札ともいえる武器

メイスは紀元前14世紀ごろ、棍棒から発展した打撃武器だ。柄頭を付けて先端を重くし、遠心力を増加させたメイスの破壊力は、棍棒とは比較にならない。また、単に重さを増すだけでなく、放射状に鉄片やトゲの付いた鉄球を取り付けることで、より攻撃力が強化されているのだ。

殴打という、攻撃の原点ともいえる使い方をするメイスは、非常に古くから世界各地で使用された武器だが、剣や槍の発達によって一時衰退していた。しかし、ヨーロッパで板金鎧が登場すると、鎧の上から叩いても非常に有効な武器として注目されるようになる。また、メイスは斧より扱いが容易で、馬上で使用するのに適していることから、騎士たちのあいだで好んで使われた。

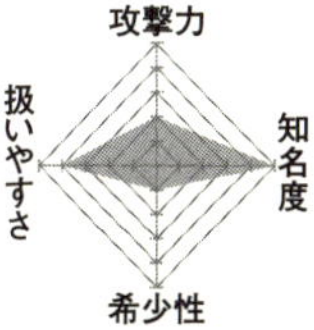

総合評価	C
備考	—

分類
史実

叩いてよし、刺してよしの戦槌

ウォー・ハンマー

「メイス」と並ぶ一般的な打撃武器

ウォー・ハンマーは、「メイス」（１４５ページ）と同様に敵を殴打する目的で作られた武器で、発生した時期はメイスよりやや遅く、紀元前6世紀ごろとされている。柄に対して直角に突き出た柄頭が、一方は金槌と同様に平たく、もう一方は鋭く尖っており、金槌状のほうで敵を殴打し、反対側は鎧を貫通して傷を負わせるのに使用した。

中世ヨーロッパで最初に登場したといわれるウォー・ハンマーは、歩兵用だったため、2メートル近い柄が付いていた。やがて、板金鎧に対する高い効果から騎士たちも使用するようになると、馬上で扱いやすいように徐々に短くなっていく。そして、最終的には振り回しやすいよう、全長は50センチ程度になり、また鎧を貫通できる突き刺す面を重視したものが、好まれるようになっていった。

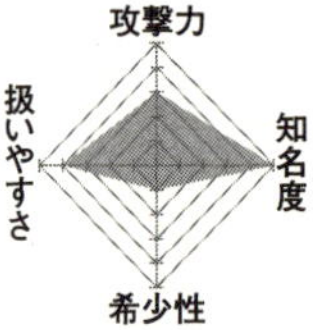

総合評価	C
備考	—

分類

史実

モーニング・スター

ドイツで生まれたメイスの傑作

騎士たちが使用したメイスの完成形

モーニング・スターは、放射状にトゲが付いた鉄球を柄頭にしたメイスで、ドイツで「明けの星」を意味するモルゲンステルンの英名である。柄頭は、必ずしも球状ではなく、円柱や楕円形のものもあった。同じトゲ付き鉄球を長い鎖で短い柄に繋いだ武器を、モーニング・スターと呼ぶこともある。ファンタジーを題材としたゲームなどに登場するものは、こちらの武器の場合が多いが、本来は「メイス」の名称だったのだ。モーニング・スターは、騎士が重装化してメイスが見直され始めた13、14世紀ごろに、騎士が全盛を迎えたドイツで生まれた。板金鎧を着用した相手に対して非常に効果が高かったことから、次第にヨーロッパ中に広まっていき、16世紀には騎士にとってもっとも一般的な武器のひとつに数えられるまでになった。

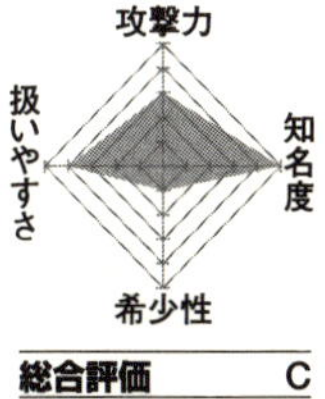

総合評価	C
備考	—

分類
史実

古代エトルリア人が使用した戦斧

セルティス

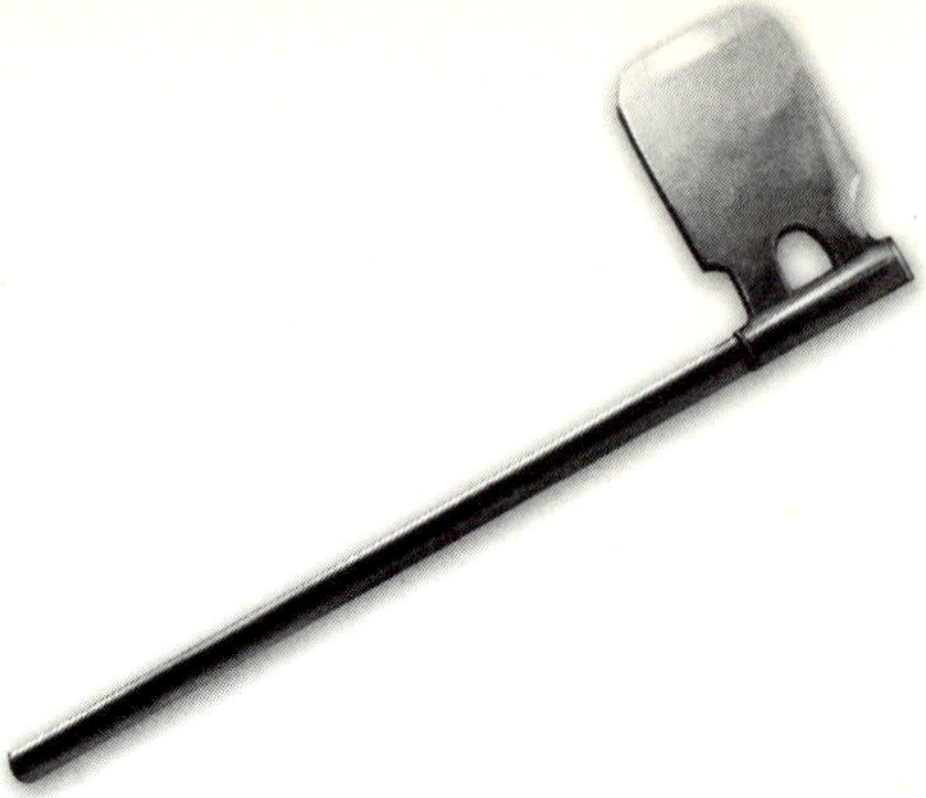

生活での工具を武器に転用した戦斧

セルティスは、古代エトルリア人が使用した戦斧の一種で、斧頭はノミのような形状をしている。L字型の柄に平たい刃を取り付けた、「アッズ」と呼ばれる種類の斧から発展したもので、原型は新石器時代にまで遡ることができる、古くからある武器のひとつである。

セルティスには、代表的なものがいくつか存在するものの、一般的にはアッズ状の戦斧の総称として知られている。切っ先は鋭く、相手の喉を掻っ切ることもできたといわれるが、斧というよりは大工道具に近い武器だといえるだろう。古代ローマ時代になると、剣や槍が主武器となっていったため、メイスや斧といった打撃武器は、日陰の存在になっていく。セルティスも、戦斧として使われるより、本来の工具として使われることのほうが多かったようだ。

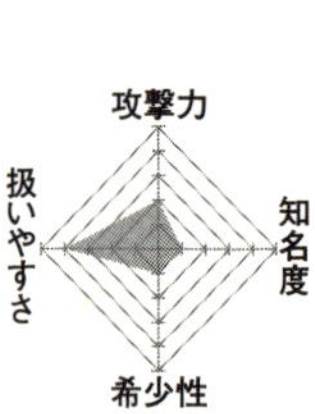

総合評価	D
備考	—

分類
史実

ナックル・ダスター

もっとも身近な拳の威力を高める武器

もっとも身近な拳を強化するための武器

ナックル・ダスターは、拳による打撃を強化する武器の総称で、メリケン・サックや鉄甲など、さまざまな武器が存在する。

古くは、紀元前の古代オリンピックで初めて拳闘が行われた際に、牛の皮を固くなめしたグローブが使用されており、当たり所が悪ければ死に至ることもあったという。

古代ローマの拳闘士たちは、硬い革紐をバンテージのように巻いたセスタスを使用していたが、前面となる部分に鋲などを取り付けたものもあったようだ。

また、打撃部分にトゲや刃を取り付けたものも存在し、握り込んで使うインドのバグナウや日本の鉄甲鉤、トゲの付いた指輪である角手なども、ナックル・ダスターの一種と考えてよいだろう。

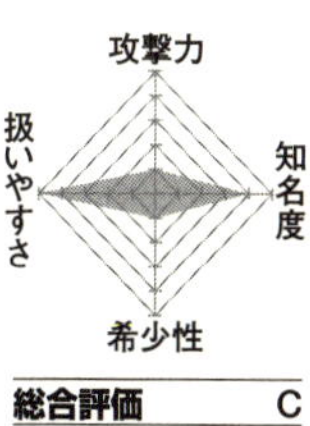

総合評価	C
備考	—

分類
史実

金《かな》砕《さい》棒《ぼう》

「鬼に金棒」のモデルとなった武器

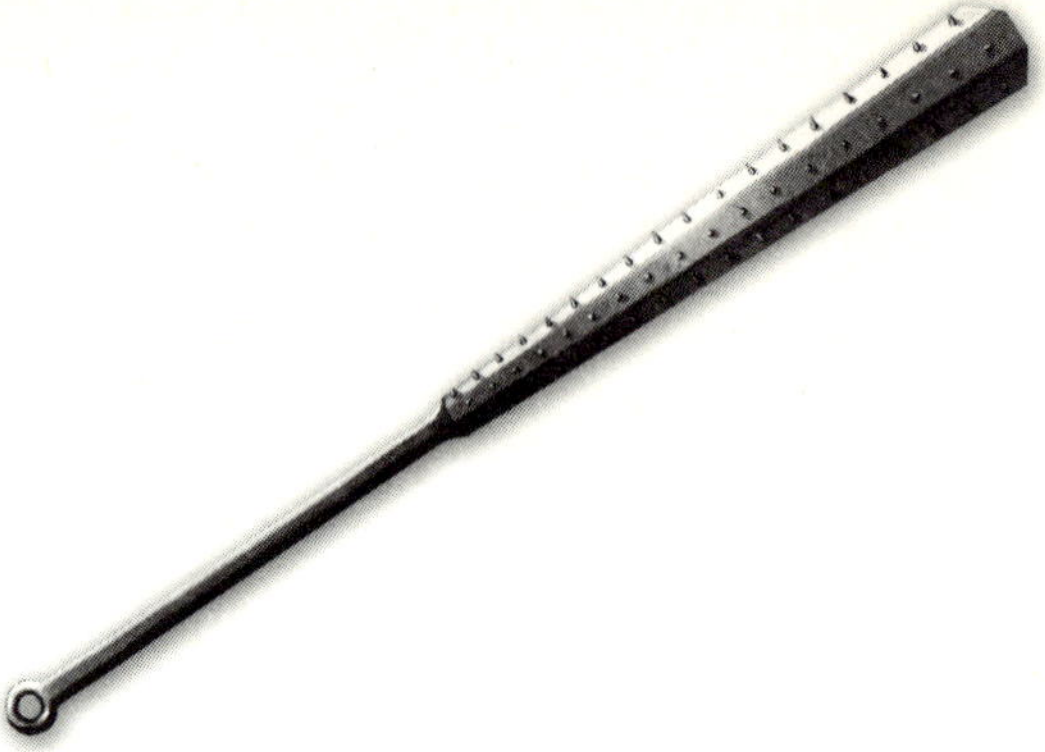

日本で生まれた打撃武器

金砕棒は、棍棒の打撃力を強化した武器である。戦場で用いられるようになったのは源平合戦のころであることから、当時の大鎧などに対抗するため発展した武器と考えられる。

初期のものは、樫のような硬い木の棒を六角や八角に削り、星と呼ばれる鋲で鉄板を貼り付けたものだったが、のちにすべて鉄で作られたものも登場した。

しかし、完全に鉄製のものは重量も相当なものになるため、腕力に自信のある豪の者にしか使用できなかった。そのため、武威を示す意味で使用するには、うってつけだったということもあったようだ。

室町時代までは盛んに使用されたが、戦国時代以降は集団戦法が重視されるようになり、金砕棒は次第に姿を消していくことになる。

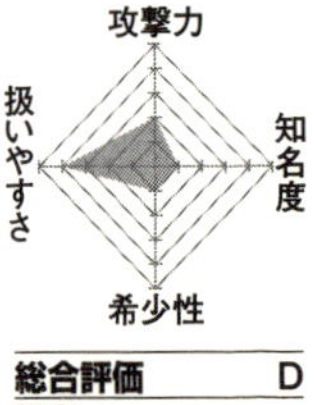

総合評価	D
備考	—

分類
史実

錘《すい》

中国で生まれた打撃武器

軍隊でも採用されていた中国のメイス

柄の先に球状の柄頭を取り付けた錘は、西洋のメイスにあたる打撃武器である。球状の柄頭自体を錘というのだが、形が瓜に似ていることから、「瓜《か》」とも呼ばれる。春秋戦国時代にはすでに用いられていたが、当時は儀礼用として使われていた。武器として使われるようになったのは後漢以降で、北宋時代にもっとも盛んに使われた。清の時代になると、軍隊の制式装備として採用されていた。

材質は木製が基本だが、柄頭を金属で補強したものもあった。また、柄頭が金属製のものは、「金瓜」という別の名で呼ばれている。

メイスと同様、刀剣が通じにくい鎧に効果的な武器として使用され、モーニング・スターに相当する「シツ藜《れい》」や柄が2メートルにもなる「骨朶《こつだ》」など、さまざまな形状のものが作られている。

総合評価	D
備考	—

分類
史実

多《た》節《せつ》棍《こん》

遠心力を利用する中国発祥の武器

中国武術でも見られる多節武器

多節棍は、短い木の棒を鎖で繋ぎ合わせたもので、鎖で繋がれた部分の遠心力によって、打撃効果を高めた武器である。西洋のフレイルのように、長めの柄の先に短い打撃部を繋げたもののほか、中国武術で見られる三つの棒を繋げた三節棍や、沖縄の古武術で使用される四節棍、七節棍といったものもある。

二節のものは「梢子棍《しゅうしこん》」と呼ばれ、柄の長いものを長梢子、短いものを短梢子といい、それぞれ徒歩用、騎乗用に分かれている。扱いが容易で特別な訓練も必要としないため、農民兵も使用していた。

ただし、三節棍以上になると扱いが非常に難しくなるため、効果的に扱うには相当な訓練を積む必要がある。三節以上の多節棍は武術家の武器といえる。

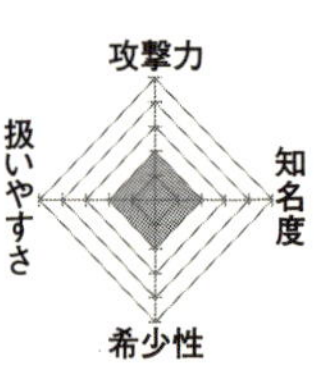

総合評価	D
備考	—

分類
史実

拐《かい》

掘削道具から生まれた護身用の武器

民間での使用が多かった拐

拐は、棍棒に横手を付けた武器で、L字型やT字型、Y字型など、さまざまな形状のものが作られている。これらの拐は、宗の時代の書物に見られるが、もともとは採掘の道具であり、武器として使用されるようになったのは明の時代になってからである。

使用目的も、戦争の道具として軍隊で使われるのではなく、民間人や武術家のあいだで、おもに護身用として使われていた。

使い方としては、横手を握って突いたり、回転させて殴打するほか、棒を握って横手で引っ掛けるといったこともできる。また、腕に沿わせることで武器を受け止めることもでき、攻防一体の動きができる。どちらかというと護身用の武器としての意味合いが強く、現代では護身武術などで拐の一種であるトンファーが使用されている。

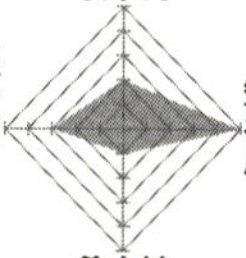

総合評価	C
備考	—

分類
史実

伝令神ヘルメスのトレードマーク

カドゥケウス

総合評価　D

備考

—

分類

ギリシャ神話

商業の紋章として有名なカドゥケウス

カドゥケウスは、「ギリシャ神話」において神々の伝令役を務めるヘルメスの杖で、ギリシャ語では「伝令使の杖」という意味の、「ケリュケイオン」の名で呼ばれている。

力の象徴である杖の先端には、勤勉を象徴するヘルメスの翼が飾られ、知恵の象徴である二匹の蛇が、絡み合いながら巻きついているという形をしている。

ヘルメスは、神々の王ゼウスの息子でオリンポス十二神のひとりであり、神々の伝令役として世界中を駆け巡っているとされる。このことから旅人や行商人の守護神とされており、欧米ではこの杖を商業関連の紋章として使うことが多い。

トランプにその姿を残す棍棒

ヘラクレスの棍棒

総合評価　D

備考

—

分類

ギリシャ神話

ネメアの獅子には通じずも、姿を後世に残す

「ギリシャ神話」の英雄ヘラクレスが使用した棍棒。先端が三つに割れ、オリーブの木で作られている。

ヘラクレスの父は主神ゼウスであるが、浮気でできた子供だったため、ゼウスの妻であるヘラの憎しみを買い、幾多の冒険をするはめになる。そのうちのひとつ、ネメアの獅子退治で使用したのが、この棍棒であった。

ネメアの獅子は、獅子とはいうものの刃を通さない毛皮を持った怪物だったため、ヘラクレスは棍棒を使うことにしたのだ。結局、戦いのなかで棍棒は折れてしまい、ヘラクレスは獅子を絞め殺すことに。しかしその姿はトランプのクラブとして残されたという。

ウコンバサラ

稲妻を発する雷神のハンマー

総合評価　C

備考

—

分類

フィンランド神話

謎が多いウコンバサラ

ウコンバサラは、フィンランドの神ウッコが所有する神秘的なハンマーだ。「フィンランド神話」のなかで主神であるウッコは、天空や気候、収穫期など自然現象全般を司る神であり、手にしたウコンバサラから稲妻を発したといわれている。

ウコンバサラは、船のような形をした石斧だったのではないかともいわれるが、鉄器の時代になって石器が使われなくなると、神話を口伝で伝えていたために起源がはっきりしなくなってしまったようだ。また、破壊の力だけでなく、治癒の力も持っていると信じられていたため、フィン族（フィンランド国民の主要な民族）のシャーマンたちは石斧を収集していたという。

打《だ》神《しん》鞭《べん》

魂を封じる力を秘めた仙人の鞭

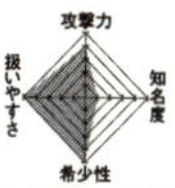

総合評価　B

備考

「宝貝」のひとつ

分類

封神演義

「封神計画」のために作られた宝貝

打神鞭は、小説『封神演義』の主人公である姜子牙が、師匠の元始天尊から授かった鞭。鞭といっても、中国の硬鞭という種類の武器で、硬い金属製（おもに鉄）だ。しかも打神鞭はただの鞭ではなく、「宝貝《パオペエ》」という仙人の道具の一種で、攻撃した相手の精神にダメージを与える「仙力」が込められている。

打神鞭は、力を持ちすぎる人間や仙人の落ちこぼれの魂を、神として封じてしまおうという「封神計画」のために作られたもので、表面に付けられた21の節目それぞれに、四つの符印が施されている。ひとりの魂を封じるごとに符印を消費するようになっており、84人の相手を封じることができた。

重装騎兵に対抗するために生まれた斧

大斧《だいふ》

総合評価　C
備考
—
分類
史実

農民が使っていた斧から生まれた武器

大斧は、宗の時代になって作られた、中国で最大級の斧である。宗が敵対していた西夏や遼、金といった国々は、いずれも遊牧や牧畜を主体とした民族で、重装騎兵を主力としていた。当時の重装騎兵は、弓や弩《ど》でもなかなか仕留めることができず、鎧の上からでも効果がある打撃武器が使用されるようになった。

大斧は、2メートル前後の柄に大振りの斧頭を取り付けたもので、戦闘に参加していた農民たちの斧に長い柄を付けたところ、騎馬兵に対して非常に有効だったことから生まれた武器だ。長いリーチと、遠心力を利用した斧頭の攻撃力は高く、小型の銃器が登場するまで、長いあいだ使用されていた。

捕縛用の武具として知られる打撃武器

十手《じって》

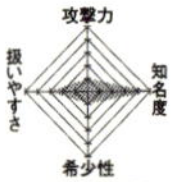

総合評価　D
備考
—
分類
史実

捕縛用武具として知られる十手

十手は、30~70センチほどの木や金属で作られた棒で、手元に鉤《かぎ》が付けられているのが特徴だ。

江戸時代に捕縛用の武具として使用されており、現代では時代劇などでよく知られる武器だが、安土桃山時代にはすでに登場していたと考えられており、十手を用いた「十手術」と呼ばれる武術もあった。

使い方としては、刀を受け止める鉤に引っ掛けたのち、ひねって刀を落とさせる方法が知られるが、刀の間合いより踏み込んで戦う必要があったようだ。

また、室町時代には「兜割り」の武器として有名になり、鎧の上から叩いても効果のある打撃武器として、使用されていたようである。

棒／杖

もっとも簡素ながら多様な扱いが可能

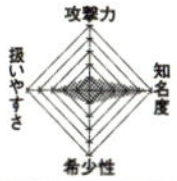

総合評価　D

備考
多様な用法が存在する

分類
史実

用法は長柄武器の破損から生まれた

棒や杖はもっとも簡素な打撃武器だが、扱いは突くだけでなく、打ったり薙いだりすることもでき、持ち手の位置を変えれば伸縮自在の動きを見せることも可能だ。現代では、六尺（約1・8メートル）前後のものを棒、四尺（約1・2メートル）ほどのものを杖と呼び、用法として「棒術」と「杖術」に分けられる場合もあるが、杖術も棒術の一種である。

棒術や杖術の発祥は不明だが、多くの流派で、戦場で薙刀や槍の穂先が折られたときに、残った柄で戦ったのが発祥といわれている。本当に棒を扱えるようになるには修練が必要であり、見た目の単純さとは裏腹に奥深い武器といえる。

ウィップ

扱いが非常に難しい紐状の武器

総合評価　D

備考
—

分類
史実

傷を負わせて苦痛を与えるための武器

ウィップは短い柄の先に、1～3メートルほどの皮や毛で編んだ紐を取り付け、先端に重りを付けて慣性で操作する。元来は馬や牛を追うための道具であり、直接叩くのではなく、すばやく振るうことで発生する衝撃音で動物をコントロールするのだ。

使いこなすには修練が必要だが、達人が扱うウィップの先端は音速を超えるともいわれ、命中すれば肉が裂けるほどの傷を負わせることもできる。

とはいえ、骨を砕いたりするほどの威力はなく、相手が革鎧を身に着けたりするだけで威力は半減する。

どちらかというと苦痛を与えるための武器であり、拷問や刑罰の道具として使われることが多い。

COLUMN

ヨーロッパの三大神話と英雄たち

ヨーロッパを代表する三つの神話、「ギリシャ神話」「ケルト神話」「北欧神話」の発祥地とその英雄たちを紹介。伝説の武具の多くは、これらの神話から産み出されたものなのだ。

●ケルト神話
アイルランドとウェールズのケルト人たちに伝わる神話群。言語によってアイルランド系とウェールズ系に分かれる。アイルランド系ではクー・フーリン、ウェールズ系ではアーサー王がよく知られている。
●北欧神話
ノルウェー、スウェーデン、デンマーク、アイスランドに伝わったゲルマン民族の神話。その内容のほとんどは、「エッダ」と総称される文献をもとにしている。英雄としては、シグルズやベオウルフが有名。
●ギリシャ神話
現在のギリシャ西南部からエーゲ海の島々一帯に伝わる神話で、ゼウスを中心とした神々と、その末裔である英雄たちの物語が描かれる。よく知られる英雄としては、ヘラクレスやペルセウス、アキレウスなどがいる。

第五章 射撃・投擲武器

最終的な戦場の勝者となった、長い射程を持つ武器

第五章では、射撃や投擲を目的とした武器を紹介する。射撃・投擲のどちらも離れた位置から相手を攻撃するための武器で、いうまでもなく、刀剣などよりもはるかに長い射程を誇る。

投擲武器は人類における最古の武器のひとつで、その起源はおそらく原始人たちが投げた「石」などに求めることができよう。こうした投擲武器は、その後、オーストラリアの民族が用いたブーメランや日本の手裏剣などへと姿を変えていく。

しかし、一度投擲すると手元からなくなってしまうことや、射程距離の長さや威力が射撃武器に劣ることなどから、射撃武器が発達するにつれて、次第に姿を消していった。

一方、射撃武器は、その射程の長さと殺傷能力の高さから、戦場における主力武器のひとつとなっていく。その代表格といえるのは、古代から中世にかけて使われ

た弓である。

弓もその歴史は古く、旧石器時代のころにはすでに用いられていたとされる。離れた位置から相手を攻撃できる弓は、戦場はもちろん狩猟においても非常に有効な武器であったのだ。

もちろん、命中しなければ意味がないため、うまく使いこなすにはそれなりの技量が必要であった。また、かすり傷でも致命傷を与えられるよう矢の先に毒を塗ったり、火をまとわせたり（火矢と呼ばれる）といった工夫が施された場合もある。

ちなみに、矢に毒を塗って殺傷性を高めるという手段は古来より行われていたようで、ギリシャ神話においても英雄ヘラクレスが、ヒュドラと呼ばれる怪物の毒を塗った矢を放って敵を倒すエピソードが残されている。

その後も射撃武器は独自の進化を続け、より殺傷能力の高いクロスボウや弩《ど》といった武器が誕生する。そして、その完成形ともいえるのが火器、いわゆる銃である。

この強力な武器の登場により、それまでの刀剣や槍といった武器は瞬く間に淘汰されてしまう。原始のときから用いられた射撃武器は、時代とともに進化を続け、今日における武器の王となったのである。

ヒュドラの毒矢

英雄ヘラクレスを助け、また命を奪った毒矢

贖罪のためだった「ヘラクレスの12の功業」

ヒュドラの毒矢は、「ギリシャ神話」の英雄・ヘラクレスが使用した毒矢で、ヘラクレスが猛毒を持つ怪物ヒュドラを倒した際に、その猛毒を矢に塗って持ち帰ったものである。そもそもヘラクレスがヒュドラ退治に出かけることになったのは、彼自身ではどうしようもない出生にまつわる理由からであった。

ヘラクレスの父は主神ゼウスであったが、母はゼウスの妻である女神ヘラではなく、メデューサを倒した英雄ペルセウスの孫にあたるアルクメネであった。そのため、ヘラクレスは生まれながらにして、ヘラの憎しみを買うことになってしまったのである。

あるとき、ヘラクレスはヘラに悪しき心を吹き込まれて子供を殺してしまい、妻も自殺してしまうという事件が起きた。のちに正気に戻ったヘラクレスは、贖罪しようと太陽の神アポロンに神託をうかがったところ、「ミュケナイの王エウリュステウスに仕えて10の使命を果たせ」という神託が下った。

こうしてヘラクレスは、エウリュステウスの命によって数々の困難に立ち向かうことになるが、そのうちのふたつは自身のみの力で達成できなかったため、10の使命としては数えられず、最終的に12の使命を果たすことになった。この「ヘラクレスの12の功業」として知られる12の使命のうちの2番目が、レルネの沼に住むヒュドラ退治だったのである。

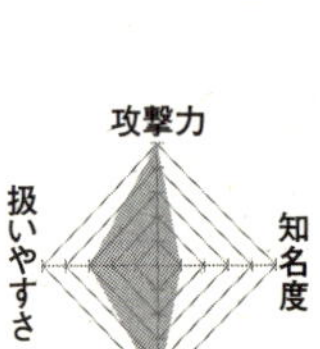

総合評価 C
備考 —

分類
ギリシャ神話

倒したヒュドラの猛毒を矢に塗って持ち帰る

ヒュドラは、原初の大地の神ガイアとエキドナの息子で、双頭の黒犬オルトロスや地獄の番犬ケルベロスとは兄弟にあたる。ヒュドラは9つの首を持ち、ひとつ斬り落とされるとふたつの首が生えてくるため、斬れば斬るほど首が増えていくばかりか、中心のひとつの首に至っては不死というとてつもない怪物であった。ヒュドラは毒を吐くため、ヘラクレスは毒気を吸い込まないように布で鼻と口を覆い、レルネの沼へとやってきた。そして、まずはヒュドラの棲家に火矢を射ち込んで毒を浄化すると、単身乗り込んでいったのであった。

当初、ヘラクレスはひとりでヒュドラと対峙し、首を斬り落として戦っていた。しかし、首を斬り落とすたびに新たな首がふたつずつ生えてくるため、首を斬り落として減らしていくはずが、逆にどんどん増えていくありさまで、さらにそのうちのひとつは死なないことに気がついた。

さすがに困ったヘラクレスは、やむなく従者として同行していた甥のイオラオスを、救援として呼ぶことにしたのである。駆けつけたイオラオスは、首を斬ったのちに傷口を松明の炎で焼くことで、首の再生を妨げる方法を思いつき、ヘラクレスが斬り落とすたびに、傷口を次々に焼いていった。

しかし、最後に残った中央の首は不死であったため、力自慢のヘラクレスが首の上に巨大な岩を落とし、ようやくヒュドラを倒すことに成功。やっとヒュドラを倒したヘラクレスは、この先どのような敵と戦うことになるかわからないと考え、ヒュドラが体内に持っていた猛毒を鏃《やじり》に塗って、持ち帰ることにしたのだった。

なお、ヒュドラと戦うヘラクレスの邪魔をしようとゼウスの妻ヘラは大蟹を送り込んでいたのだが、ヘラクレスは気づかないうちに踏み潰してしまっていた。倒された大蟹とヒュドラは、それぞれ「蟹座」と「うみへび座」になったという。

数々の怪物を倒したヒュドラの毒矢

こののちヒュドラの毒矢は、まず6番目の使命であるステュムパリデスの鳥の退治に使用された。この鳥は、翼と嘴、爪が青銅でできている怪鳥で、ステュムパリデス湖畔に集団で棲みついて、人を襲ったり田畑を荒らしていた。ヘラクレスは、炎の神ヘパイストスに大きな鳴子を借り受けて鳴らし、音に驚いて飛び立ったところを射落として仕留めた。

次に使われたのは、10番目の使命であるゲリュオンの牛を持ち帰る際であった。ゲリュオンの牛は、西の果てにあるエリュテイア島に住んでいる怪物、ゲリュオンが所有する紅い牛である。ゲリュオンは、鎧兜に身を包み槍と盾で武装した兵士の姿をしているが、3頭3体で手足は6本ずつあるという怪物で、さらにヒュドラの兄弟である双頭の黒犬オルトロスが、牛の番を務めていた。

しかし、ヘラクレスはオルトロスを毒矢で倒して牛を手に入れ、追ってきた3頭3体のゲリュオンに毒矢を打ち込んで一体を仕留め、残りの二体と棍棒で戦い撲殺。無事に牛を持ち帰った。

11番目の使命であるヘスペリデスの黄金の林檎を取りにいった際には、林檎を守っていた百の頭を持つドラゴンであるラドンと戦い、やはりヒュドラの毒矢を打ち込んで倒し、林檎を持ち帰っている。

こうして使命を達成したヘラクレスは、のちにディアネイラという王女を妻に迎えるが、とある川を渡ろうとしたとき、妻を襲おうとしたケンタウロス族のネッソスを毒矢で射殺する事件があった。

ネッソスはディアネイラに「自分の血は媚薬になる。ヘラクレスの愛が減じたときに衣に浸して使うとよい」と言い残した。ディアネイラはネッソスの血を採り、ヘラクレスがオイカリアの王女を手に入れようとした際に、ネッソスの言葉通りにしたところ、血に混じっていたヒュドラの毒のため、ヘラクレスは命を落とすことになってしまったのだった。

弓の名手である月の女神が所持する弓

アルテミスの弓

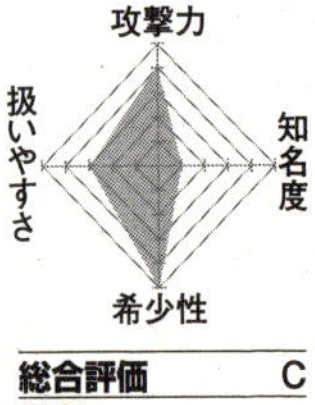

総合評価	C
備考	—

分類
ギリシャ神話

オリオン座が表す弓にまつわる伝説

月の女神アルテミスの持つ弓。アルテミスは、双子の兄である太陽神アポロンとともに、弓の名手として知られている。兄のアポロンは金の矢を、アルテミスは銀の矢を使うが、これは太陽と月を表している。

アルテミスは難産の末に生まれたためか、早くから純潔の誓いを立て、彼女に従うニンフ（精霊）たちにもその誓いを課していた。誓いを破ったニンフを熊の姿に変えてしまうなど厳格な面があったが、そんなアルテミスが唯一心を許した男性がオリオンである。

海神ポセイドンの息子だったオリオンは力持ちで、棍棒を持って野山を駆けめぐるギリシャ一の猟師だった。オリオンと出会ったアルテミスは次第に親しくなり、結婚を噂されるまでの仲になった。

しかし、アルテミスの兄であるアポロンはこれをよしとせず、ふたりのあいだを裂くことにしたのである。あるとき、アポロンは浜辺にいたオリオンのそばにサソリを放ち、海に逃れるように仕向けると、妹のアルテミスを呼んで沖に逃れて小さく点のようになっていたオリオンを指し、「あれを射ることができるか?」と挑発した。アルテミスはこの挑発に乗ってしまい、オリオンを射殺してしまうのである。

アルテミスはオリオンを甦らそうと奔走したが、死者を甦らすことは許されず、ゼウスはオリオンを星座にすることでアルテミスを慰めたという。

嵐と戦いを司る英雄神インドラの武器

ヴァジュラ

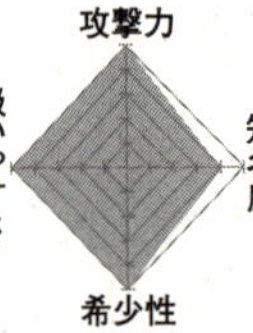

総合評価	A
備考	—

分類
ヒンドゥー神話

仙人の骨から生まれた必殺の武器

ヴァジュラとは、サンスクリット語での「金剛杵《こんごうしょ》」の名前で、密教における仏具のひとつである。中央に柄があり、上下に槍状の刃が取り付けられている。そして刃の数や形によってそれぞれ異なる呼び名がつけられている。

「ヒンドゥー神話」では、嵐と戦いを司る神インドラが手にしている武器で、金剛杵ではなく、ハンマーやリング状の投擲武器のチャクラムとして描かれることもある。また、雷の象徴であることから、雷撃を発して敵を打ち倒すとされることもあるようだ。

聖典『リグ・ヴェーダ』によれば、その昔、魔神ヴィリトラが水をせき止めていたため、人々が苦しんでいたという。インドラはヴィリトラ退治に向かったが、竜に変身して戦うヴィリトラの力は強大で、やすやすと倒せる相手ではなかった。

思案した結果、インドラが最高神のひとりであったブラフマーに相談したところ、ダディーチャという仙人に助力を頼むとよいと教えられる。そして、インドラがダディーチャをたずねると、彼は息を引きとって自身の骨を差し出し、その骨を使って工芸神トヴァシュトリが作り出したのがヴァジュラであった。

ヴァジュラを手にしたインドラは、ヴリトラの弱点が口であることを見破ると、ヴァジュラを打ちつけて見事に退治したのであった。

中国から伝わった神秘的な弓矢

雷《らい》上《しょう》動《どう》／水《すい》破《は》／兵《びょう》破《は》

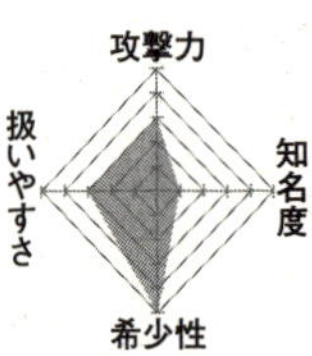

総合評価	C
備考	—

分類
平家物語

帝を悩ます化け物を見事に射落とす

雷上動とは弓の名前で、水破と兵破は、それぞれ矢羽が黒鷲と山鳥の羽を用いて作られた鏑矢である。

もともとは中国の楚の国にいた弓の名手である養由基のもので、娘の椒花女に伝えられていた。ところが、源頼政の先祖である源頼光が、あるとき夢のなかで椒花女からこの武器を授けられ、以後、代々受け継がれていたのである。

平安時代の後期、近衛天皇が毎晩ひどくうなされるという事件があった。原因はまったくわからなかったが、ある日警護中だった武士が「ヒョ～、ヒョ～」と怪しげな鳴き声とともに東三条の森から黒雲が沸き出て、御殿の上を覆いつくすようすを目撃した。

この報告を聞いた天皇はすぐさま原因の究明を命じたが、ここで白羽の矢が立ったのが、かつて酒呑童子や土蜘蛛退治で名を馳せた源頼光の曾孫で、弓の達人だった源頼政である。

命を受けた源頼政は、郎党の猪ノ早太とともに東三条の森に出かけ、黒雲がたちこめてきたので「八幡大菩薩」と念じながら水破を放ったところ、怪しげな鳴き声が聞こえてきた。そこで、続けて兵破を放ったところ、ドシンと何かが落ちてきた。見ると、頭は猿、手足は虎、尻尾は蛇という化け物が、鵺《ぬえ》のような鳴き声を発してもがいている。すかさず、猪ノ早太が短刀を何度も突き立てて、ようやく仕留めたのであった。

那咤に授けられた宝貝

火《か》尖《せん》鎗《そう》

気を炎として吹き出し目標を貫く

小説『封神演義』に登場する宝貝《パオペエ》（仙人が作った不思議な力を持つ道具）の一種で、乾元山金光洞の太乙真人が作った。体内の気を炎と化して噴出させ、作中では「乾坤圏《けんこんけん》」（183ページ）とともに那咤が使用し、多数の仙人を封神している。火尖鎗は、火炎を吹き出すことから、火炎放射器のようなものと考えられるが、対峙した仙人の体を「貫いた」とも表現されており、火炎で焼くだけの武器ではない可能性がある。

火尖鎗が普通の武器ではなく、宝貝という特殊なものであることを考慮すると、気で形成された炎というのは実は槍の穂先の延長のようなもので、炎の塊で突き刺すこともできたのかもしれない。

もともと那咤は、太乙真人という仙人の弟子が霊珠（生命の源となる宝貝）となって転生したものだった。しかし、いくつかの過ちを犯したために死を選び、太乙真人によって蓮華の化身として再び甦ったのである。火尖鎗は、那咤が二度目に甦った際に、風火輪や陰陽剣といったほかの宝貝とともに太乙真人から授かったもので、那咤は受け取ってからそれほどたたないうちに、自在に扱えるようになったという。

なお、火尖鎗は小説『西遊記』にも登場しており、牛魔王の息子である紅孩児が使用している。こちらはものすごい炎を放つ、火炎放射器のような武器として扱われている。

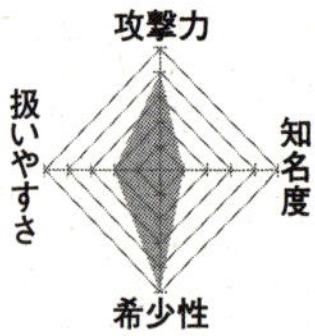

総合評価	C
備考	—

分類
封神演義／西遊記

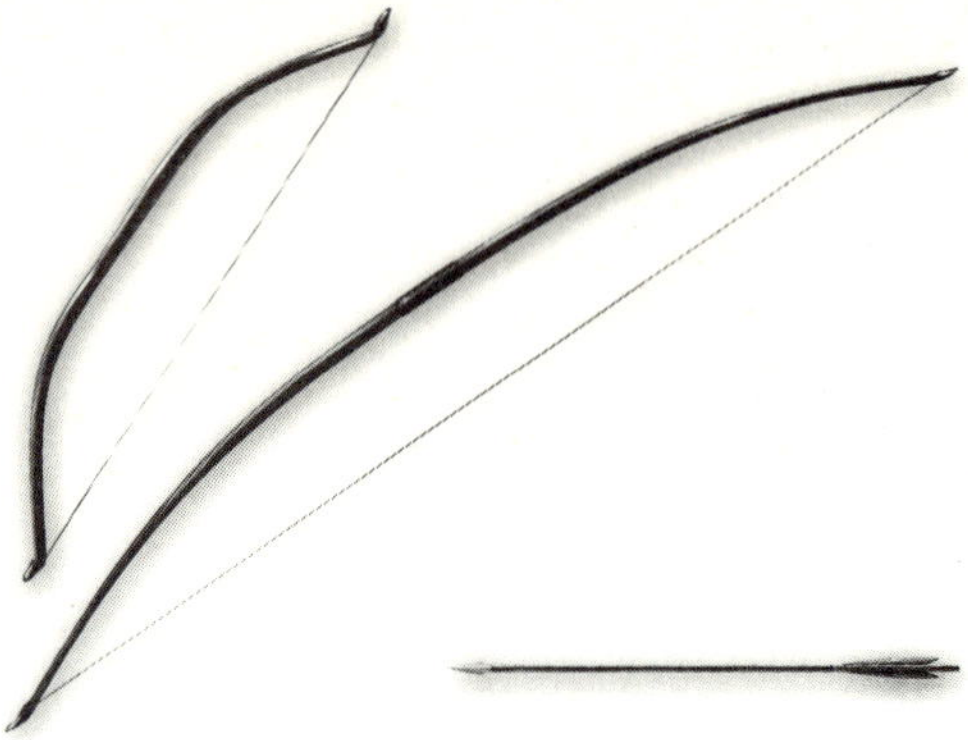

古くから人とともにあった射撃武器

ロングボウ／ショートボウ

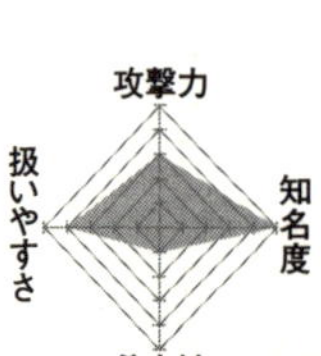

総合評価	C
備考	—

分類
史実

身近な狩猟道具から軍隊用の武器として発展

ショートボウは、射撃武器のなかではもっともポピュラー、かつ基本的な武器で、紀元前1万2千年～8千年ごろにはすでに登場していた。当初はおもに狩猟用の道具として使用され、地中海を中心に急速に普及していったのである。いつごろから戦争の道具として使用されるようになったのかは不明だが、古代エジプトやメソポタミアといった地域で、軍の武器として組み込まれていったようである。

一方、西洋にロングボウが登場したのは13世紀後半～14世紀初頭のころで、ヨーマンと呼ばれた自由民によって使用された。

大型の弓という意味では、古代インドやペルシアなどで早くから使用されていたが、一般的にロングボウといった場合、イギリスで使用された弓のことを指す。

クロスボウ

扱いやすく誰でも使える強力な武器

威力は高いが、連射ができないのが欠点

クロスボウは、台架に太矢をつがえる溝と弓、引き金を取り付けた武器である。使い方さえ覚えてしまえば誰でも扱え、威力も板金鎧をたやすく貫通するほどだったため、中世のヨーロッパで広まった。

クロスボウの起源は古く、古代ギリシャ時代にはすでに原型となる武器が作られていたが、軍隊の装備として西欧世界で使用され始めたのは12世紀以降のようで、ドイツで制式に採用されていたほか、十字軍の遠征などでも使用されていた。

大規模なクロスボウ部隊が現れたのは「百年戦争」のころで、フランス軍がクロスボウを装備したジェノヴァ人傭兵を大量に雇っていた。しかしクロスボウは、1分間に2発発射するのがせいぜいだったため、速射性能に勝るイギリスのロングボウ部隊に大敗を喫している。

総合評価	C
備考	—

分類
史実

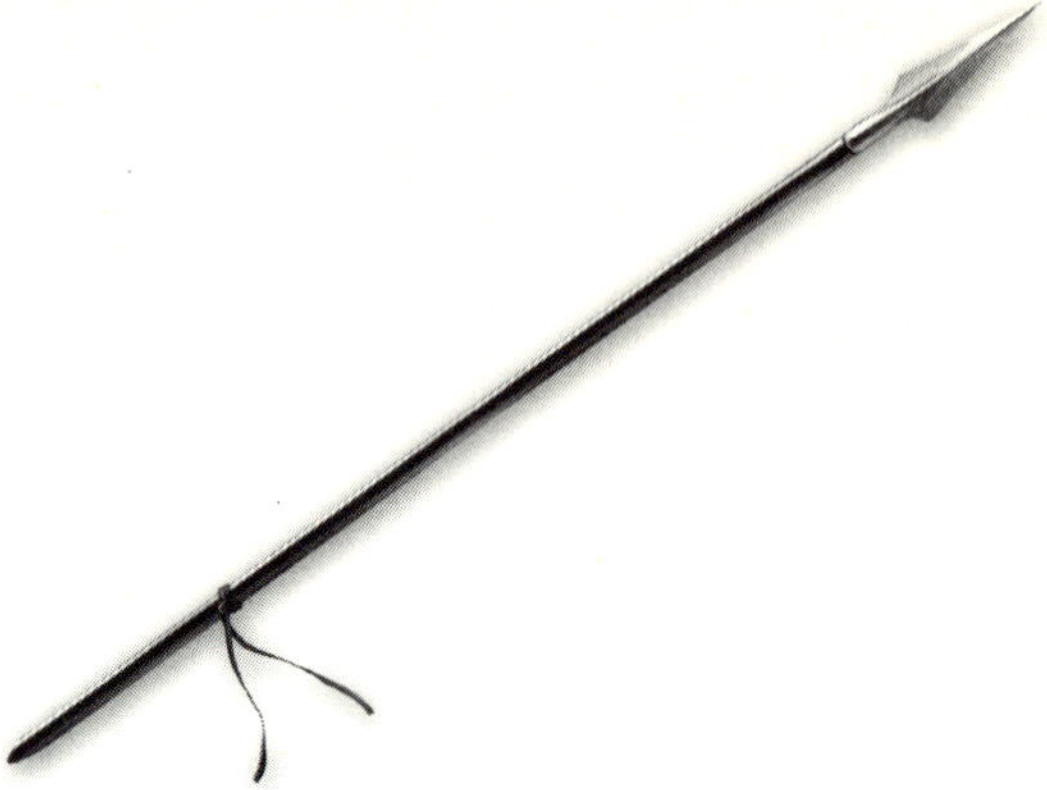

ジャベリン

古くから世界中で使用されていた投擲用の槍

狩猟から生まれた投擲用の槍

ジャベリンは、投げて使うための槍で、通常の槍よりも軽く作られていて、木の葉型の穂先に柄が付いたものが一般的である。槍を投擲して扱う事自体は、狩猟で古くから行われていたが、軍事用として用いられるようになるのは、メソポタミア文明のころのようだ。馬に引かせた戦車にジャベリンを積んだようすは、エジプトのレリーフをはじめとする古代の遺物に見ることができる。

古代ギリシャのころになると、まだそれほど威力が高くなかった弓とともに、ジャベリンは前哨戦で使用されるようになる。古代ローマ時代になると、ローマ帝国をはじめ、対立していた多くの民族もジャベリンを使用していたが、10世紀ごろになり次第に弓が強力になってくると、ジャベリンは使用されてなくなっていった。

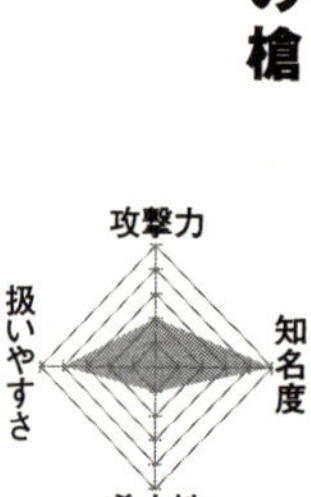

総合評価	C
備考	投げて使用するための短い槍

分類
史実

フランク族が使用した投げ斧

フランキスカ

フランク人の象徴的な武器だったフランキスカ

フランキスカは、5世紀ごろからフランク人が使っていた投擲用斧で、短めの柄にやや上向きに取り付けられた斧頭が特徴である。投げた斧は回転して目標に突き刺さるようになっており、有効射程距離は15メートルほどだったようだ。また、投げて使用するだけでなく、接近戦用の武器としても十分な威力を持っている。フランク人というのは特定の民族のことではなく、ライン川付近に住んでいた複数の民族の総称として用いられた。彼らは単一民族でないが故に、武装を統一することで帰属意識を高めており、フランキスカはアンゴンと呼ばれる投槍とともに、彼らの標準武装となっていたのである。

なお、彼らの象徴的な武器だったためか、所持することができるのは成人した者のみで、売買することは禁じられていたという。

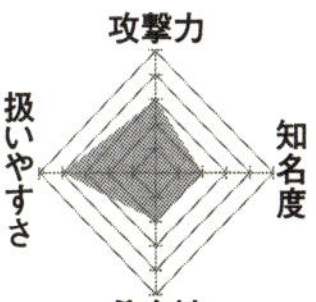

総合評価	C
備考	成人のみが持つことを許された

分類
史実

ブーメラン

アボリジニの狩猟道具として有名な投擲武器

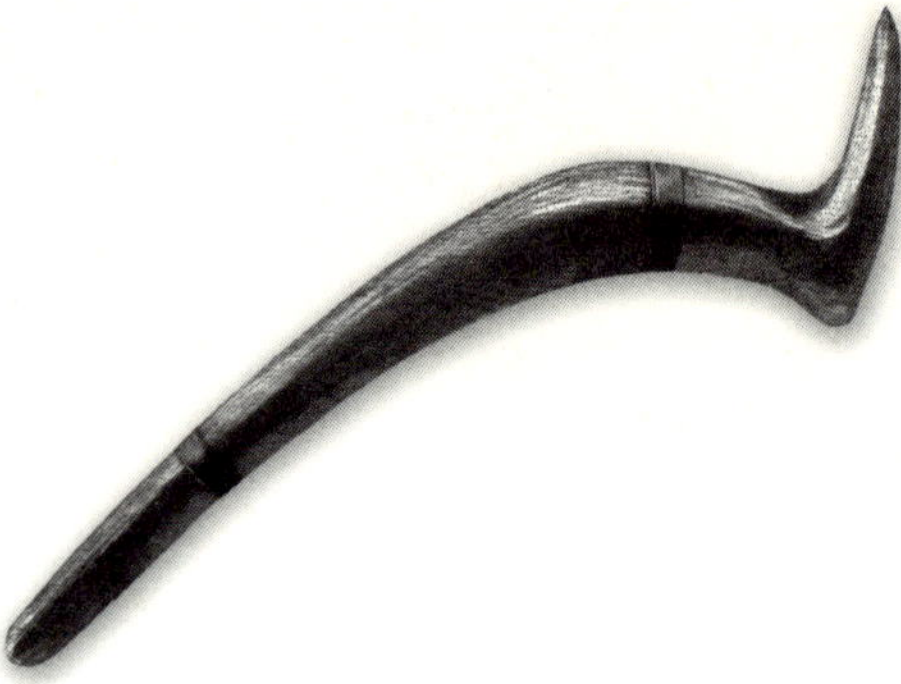

戦闘用のものは戻ってこないのが普通

投擲用の棍棒ともいえるブーメランは、平らで細長く「く」の字形をした木製の武器である。棒を投げるという攻撃は、古くから各地で見られたものだが、大半はジャベリンのような投槍に変化していった。

しかし、一部では硬い木を削った投擲武器として生き残っており、そのうちのひとつが、有名なオーストラリアのアボリジニが使うブーメランなのである。一般的に有名なブーメランは、V字型で投げたあとに戻ってくるものを指す場合が多いが、戻ってくるタイプのブーメランは受け損なうとケガをするため、軽くできていて威力も低い。

よって、このタイプのブーメランは戦闘用には向いておらず、狩猟用や遊戯用として使われた。一方戦闘用のブーメランは真っ直ぐ飛んでいくタイプで、目標に当たらなくても戻ってはこないのだ。

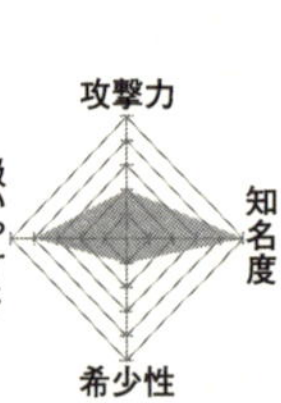

総合評価	C
備考	—

分類
史実

手裏剣

忍者の武器として有名な投擲武器

一般的に知られる車剣より、棒手裏剣のほうが殺傷力は高い

手裏剣は、手離剣や投剣、流星などとも呼ばれる、室町時代ごろから登場した投擲用の武器である。大きく分けて、棒状の棒手裏剣と円形を基礎とした車剣の二種類があり、棒手裏剣は短い鉄の棒の片側を尖らせたもので、車剣は十字型や卍型の鉄片に刃を付けたものである。

手裏剣というと、車剣の一種である十字手裏剣を思い浮かべる人が多いと思うが、車剣は回転させることで飛行が安定するので、短期間で投擲技術を習得しやすいが、深く刺さらないため殺傷力は低い。

逆に棒手裏剣は、投擲技術の習得に時間はかかるが殺傷力は高く、現在、武術として残っている手裏剣術では、棒手裏剣を主流としたものが多いようだ。一方、情報収集がおもな仕事だった忍者の場合、逃げるための牽制で使いやすい車剣が好まれたのもうなずける話である。

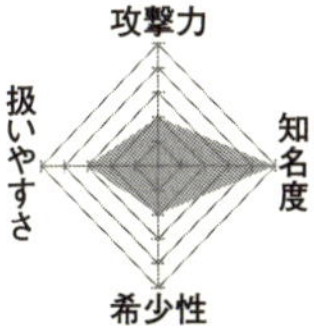

総合評価 C

備考 忍者と武術とでは使用目的が異なる

分類
史実

鎖鎌

汎用性は高いが扱いが非常に難しい

鎖の運用が要となる鎖鎌

　鎖鎌とは、その名の通り分銅付きの鎖を鎌に取り付けたもので、農耕具を武器に発展させたものといわれている。正確な発祥は不明だが、室町時代にはすでに登場しており、武士が習得すべき武芸十八般のひとつにも数えられている。

　形態としては、鎌の柄尻に鎖が付いたものがよく知られているが、流派によっては鎌頭部の背部分に付けられているものもある。

　おもな用法としては、分銅が付いた鎖を直線的に投げつけて急所を攻撃するほか、相手の武器や手足に絡めて動きを封じたのちに鎌で斬りつけるなど、鎖を自在に操って戦う。

　さまざまな状況に対応できる汎用性に富んだ武器なのだが、扱いは非常に難しく、かなりの修練が必要だ。

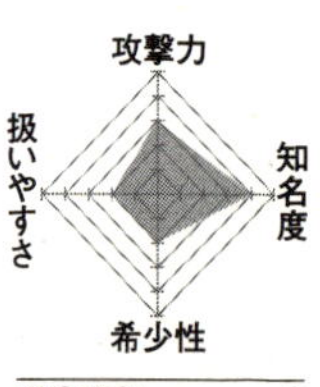

総合評価	C
備考	帯刀が許されない身分の者でも使用できた

分類
史実

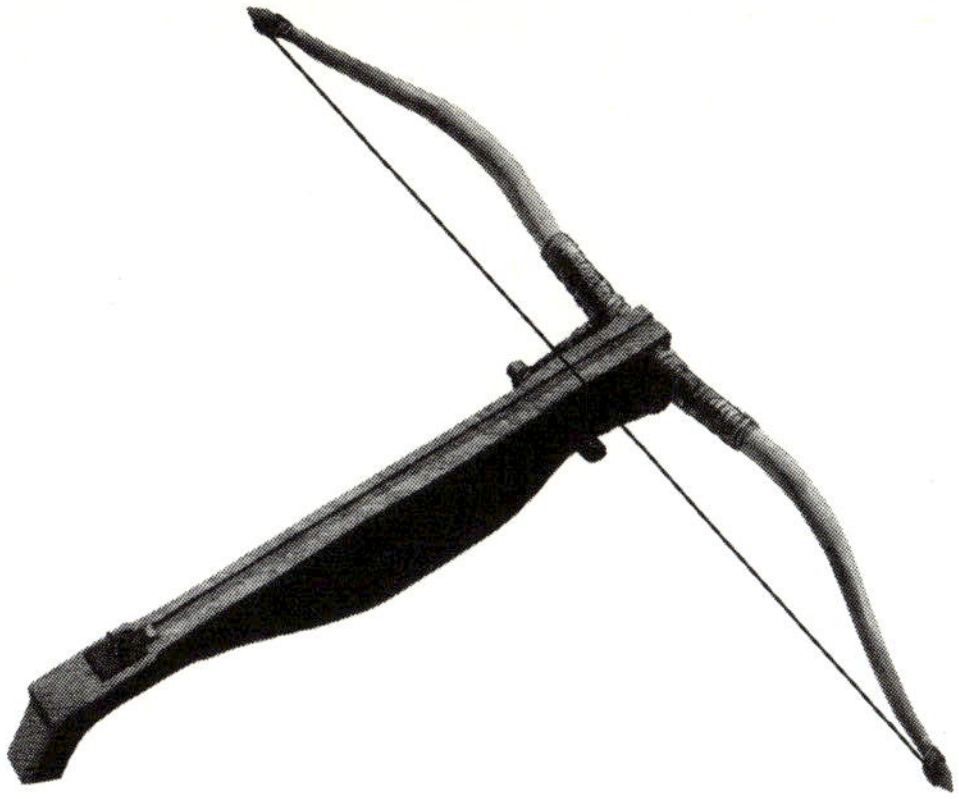

弩《ど》

騎兵に対抗するために生まれた弓

誰にでも使えるため、中国で重宝される

弩は、矢を装填する木製の台座に横にした弓を取り付けたもので、弦を張ってから矢を装填し、引き金を引いて発射する。中国を筆頭とする東アジアで生まれた射撃武器で、石器時代からすでに使用されていたという。西洋のクロスボウとまったく同じ機構をしているが、東アジアで使用されていたものが欧州に伝わったという説が有力だ。

弓に比べて有効射程距離や貫通力に優れているが、速射性で劣るという欠点があるのもクロスボウと同じである。歩兵が中心だった中国では三列横隊を敷いて、一斉射撃によって騎兵の突進を食い止めるために使用されていた。北方の騎馬民族の侵入にたびたび悩まされ、戦争に不慣れな農民を徴兵して戦うことも多かった中国では、操作を覚えるだけで誰でも使用できる弩は、貴重な戦力だったのだろう。

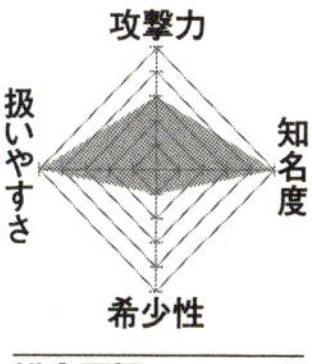

総合評価　C

備考　クロスボウと同様の射出武器

分類　史実

アバリスの矢

太陽神アポロが所持する黄金の矢

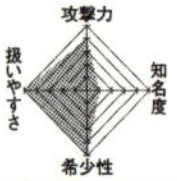

総合評価　B

備考

—

分類

ローマ神話

もともとはアポロの矢と同一のもの

太陽神アポロが、賢人アバリスに与えたという巨大な矢。アバリスはこれに乗って旅をしたほか、矢に語りかけながら清めの儀式や祓いの儀式を行ったという。しかし本来の伝承では、アバリスはアポロを崇拝していた僧侶で、アポロの象徴としてアポロの矢を携えていたのが、次第に巨大な矢という伝説になったようだ。

武器として使われたのは、アポロの息子であるアスクレピオスが、死者を甦らせたためにユピテルに命を絶たれたときである。アポロは、息子を奪われた報復として、ユピテルの雷を製造していたキュクロペスたちを、自身の矢で残らず抹殺したという。

魔《ま》弾《だん》

悪魔の力を宿した魔法の弾丸

総合評価　B

備考

悪魔と契約することで鋳造される

分類

伝承

最後の一発で持ち主を欺く悪魔の弾丸

もとはドイツ民話で、オペラ『魔弾の射手』で有名な魔弾は、悪魔ザミエルとの契約で生み出された弾丸で、7発作られたうち6発は狙ったものに、最後の一発は悪魔が望むものに当たるというものだった。

劇中の主人公マックスは、スランプのまま婚約者のアガーテとの結婚がかかった射撃大会を迎え、悪魔に魂を売った同僚のカスパールにそそのかされて、魔弾を使用した。マックスは素晴らしい成績を収めたが、最後の一発で鳩を仕留めるよう領主に命じられ、発射した弾丸はアガーテに飛んでいく。しかし、彼女は森の隠者にもらった冠を付けていたため魔弾は弾かれ、カスパールに命中し彼の命を絶ったのである。

サルンガ

邪悪な敵を焼き尽くす光輝く弓

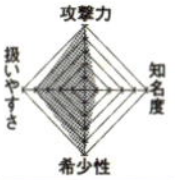

総合評価　B

備考

—

分類

ヒンドゥー神話

羅刹王ラーヴァナを倒した光の弓

インドの叙事詩『ラーマーヤナ』に登場する光の弓。コーサラ国のダシャラタ王は、王子の誕生を祈願していたが、このころ羅刹のラーヴァナが各地を荒らし回っていたため、ヴィシュヌ神が王子ラーマとして転生して、ラーヴァナを討伐することにした。

成長したラーマは、ミティラー国の王女シータと結ばれるが、シータはラーヴァナにさらわれてしまう。ラーマは猿族の助けを借りてラーヴァナと戦うが、10の頭と20の腕を持つ無敵の巨人ラーヴァナは、普通の武器では傷つかない。そこでラーマは、サルンガから太陽の炎の矢を放ってラーヴァナの頭をすべて焼き払い、無事に妻のシータを救出したのであった。

乾《けん》坤《こん》圏《けん》

実在の武器を基にした宝貝

総合評価　C

備考

—

分類

封神演義

接近戦でも投擲でも扱える便利な武器

小説『封神演義』に登場する宝貝《パオペエ》（仙人が作った不思議な力を持つ道具）のひとつで、那吒が生まれながらに持っていた武器。中国で圏と呼ばれる武器の一種で、金属のリングの持ち手を掴んで扱う。

乾坤圏は、圏と呼ばれる20～40センチほどの、リング状をした金属の武器の一種で、リングの外側に刃を付けたものの呼び名である。同種の武器としてさまざまなバリエーションがあり、リングの外側に短剣状の突き出た刃がある「金剛圏」や、月牙と呼ばれる三日月状の刃を内側に付けた「風火圏」などが存在する。また、投げて使用することもできるが、本来はあくまで手に持って戦う武器である。

スリング

単純な構造ながら高威力

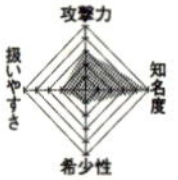

総合評価　C
備考
—
分類
史実

紀元前から戦争の武器として使用された武器

スリングは、革などで作られた石を包み込む部分の両端に、細い紐を二本取り付けた武器。片方の紐の輪の部分に指を通して外れないようにし、中央の部分に石を入れたのち、反対側の紐を握って回転させてから握った紐を離すと、遠心力にのった石が飛んでいくという仕組みだ。構造は単純だが、狙い通りに石を飛ばすのは非常に難しく、習練が必要となる。

スリングは、紀元前から戦争の道具として使用されており、聖典『旧約聖書』の「士師記」には手練の投石兵の記述が見られる。また、鉛球や小型の石弾を使った場合、当時の弓よりも射程が長く、弾によっては人体を貫通するほど威力があったという。

ファラリカ

ケルト人が使用した非常に重い投槍

総合評価　D
備考
—
分類
史実

盾を使えなくする目的もあった

ファラリカは、イベリア半島でケルト人が使用していた投槍の一種で、長い穂先に重りが付けられているのが大きな徴である。重量がある穂先は盾をやすやすと貫通する威力で、相手にダメージを与えるだけでなく、盾自体を使えなくさせる効果もあった。

古代ローマに抵抗したケルト人たちは、ファラリカを投げて盾を使用させなくしたのち、ただちに剣を抜いて突撃して白兵戦に持ち込んだ。この戦法は、ケルト人の得意戦法だったが、彼らはその勇猛さを買われて傭兵として各国に雇われたという。

なお、古代ローマ軍でもこうした投槍の有効性は認められており、ピルムと呼ばれる投槍を装備していた。

撒《まき》菱《びし》

忍者が使った逃走用の武器

本当は植物の実だった撒菱

忍者が逃走する際に使用したという撒菱は、三角錘状にトゲが付いた、鉄製のものを思い浮かべる人が多いと思うが、使い捨てにするには高価であり、重量も馬鹿にならない。本来は、ハマビシと呼ばれる水草の実を、乾燥させて使用していた。

撒菱に似た武器としては、八方にトゲがある鉄製の車菱があるが、これは敵の侵入を防いだり退路を断ったりするために配置する定置武器で、室町時代の中期から登場したという。

なお、西洋では撒菱に似たカルトロップという鉄製の武器があり、騎兵や象兵の突撃を鈍らせるために使用されていたほか、中国にも同様の武器が存在した。

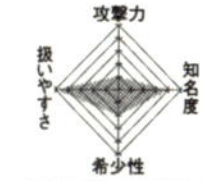

総合評価　C

備考

—

分類

史実

吹き針

目潰しとして使用し、戦いを有利に

中国から伝わった目潰しのための武器

中国から伝わった戦法とされる吹き針は、口に含んだ針を飛ばして目潰しを狙う武器である。接近戦において、相手の目を潰すことは有効な手段であり、結果的に大きなダメージを与えることになる。

針を発射するための器具もあり、さまざまな形のものが存在するが、目以外の箇所に当たっても効果はないほか、射程距離もかなり短い。よって、吹き針を正確に目に当てるためには、相手に対して肉薄する必要があったのである。

こうしたことを考慮すると、吹き針は戦場などで使用する武器ではなく、一対一の対決において不意打ちをかけるための、暗器の一種と考えるのが妥当だろう。

総合評価　E

備考

—

分類

史実

・COLUMN・

各国の特殊な武器

悠久の歴史のなかで、産まれては消えていったさまざまな武器たち。そのなかには、実験的なものやユニークな構造を持つものも多い。ここでは、そうした個性的な武器の数々を紹介しよう。

キャットオブナインテイル

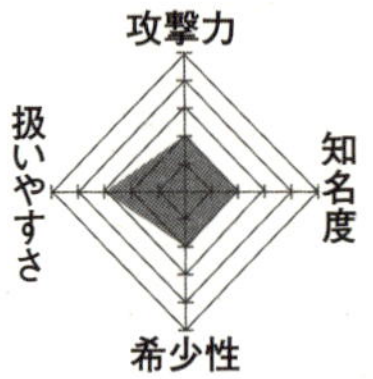

15〜20世紀にかけて東南アジアやインドで用いられた先端が2〜13本に分かれた鞭。鞭には、それぞれに細かい棘が付けられている。戦闘用の武器ではなく、拷問具として用いられた。

マンキャッチャー

16世紀のヨーロッパで作られた、長い棒の先端に棘の付いたCの字形の器具を取り付けたもの。その名が示す通り、人間を捕縛するためのもので、おもに監獄で用いられたとされている。

万人敵《ばんにんてき》

16世紀の中国で作られた火薬の詰まった壺を入れた箱。守城用の武器で、導火線に火をつけて城壁などから投げ落とすことで、壺が割れて燃えあがり、敵を炎に包むことができた。

神火飛鴉《しんかひあ》

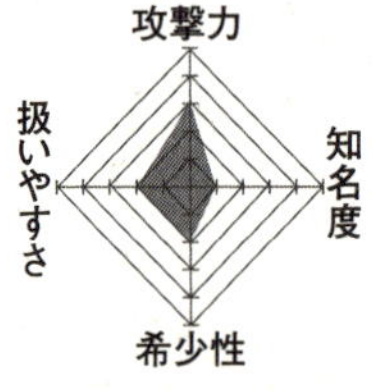

14世紀に中国で作られた攻城用の武器。火薬を詰めた鳥形のハリボテで、火箭《ひせん》と呼ばれるロケット花火のようなものを使って敵の城内へと飛ばし、着地と同時に火災を起こさせた。

第六章 防具類

武器との競い合いのなかで発展し、消えていった防具たち

第六章では、世界各地に伝わる、さまざまな防具を紹介していく。

防具とは、武器に対抗するために編み出された身を守るための装備品であり、武器の進化にともない、それに対抗する形で発展を遂げてきた。防具の歴史とは、いわば武器との争いの歴史でもあるのだ。

防具は、大別すると胴体を保護するための「鎧」、頭頂部を保護する「兜」、刀剣などの武器を受け止める「盾」の三つに分類できる。これらの防具は、初期のころは皮や木で作られていた。まだ武器の性能が低かった時代においては、こうした素材の防具で十分に効果があったのだ。

しかし、金属の加工技術の発達により鉄や鋼の武器が用いられるようになると、こうした素材では十分な防御性能を保てなくなった。そこで技術者たちは、鉄の武器に対しては鉄の防具、鋼の武器に対しては鋼の防具といったように、武器の進化

に合わせて、防具もより重厚で頑丈なものへと進化させていったのである。

その過程は、まさにイタチごっこという表現がピッタリだ。武器と防具は、互いに競い合いながら進化した、いわばライバル同士のような間柄であったのだ。

その結果、西洋では防具の最終形ともいえる鎧が誕生する。プレートアーマーと呼ばれた金属製のこの鎧は、それまで胴、腕、脚といった部分ごとに個別に装着して防具を一体化。頭からつま先まで、ほぼ全身を隙間なく防御することを可能とした。

プレートアーマーは弓矢をほぼ無効化しただけでなく、刀剣に対しても高い防御性能を誇った。このプレートアーマーの登場により、それまでの鎧はまったく使われなくなったという。まさに究極の鎧であったのだ。

しかし、そんなプレートアーマー全盛の時代も、火器の登場により終わりを迎える。強力な銃器や大砲の前では、機動力を制限される重いプレートアーマーは、無力どころか、かえって不利なものでしかなかったのだ。

こうした火器の発達にともない、鎧や盾といった防具はその役目を終え、次第に姿を消すこととなったのである。

女神アテナが持つ無敵の盾

アイギス

最高の防御力を誇る神々の最高傑作

アイギス（英語読みではイージス）は、「ギリシャ神話」に登場する女神アテナが、父である主神ゼウスより譲り受けた盾である（盾ではなく、肩当てまたは胸当てのようなものであるとする説もある）。

この盾は幼いころのゼウスに乳を与えていた山羊の皮でできているとされ、「雷霆《らいてい》」と呼ばれるゼウスの持つ強力な武器でさえ、傷ひとつつけることができないほどの強度を誇った。また、ありとあらゆる邪悪や災厄を払う、魔除けの力もあったとされている。

この盾を作ったのは、ひとつ目の巨人であるサイクロプスの一族とも、鍛冶神ヘパイストスともいわれているが、どちらが作ったにせよ、その最高傑作といってよいだけの力を秘めていたのは確かだ。

サイクロプスといえば、凶悪な怪物をイメージしがちだが、もともとはゼウスと同じ、大地神ガイアと天空神ウラヌスを両親とする、れっきとした神の一族である。サイクロプスたちは優れた職人でもあり、前述したゼウスの雷霆やポセイドンの持つ「トライデント」（124ページ）、「ハデスの兜」（213ページ）なども彼らが作りあげたものだといわれている。

もっとも、サイクロプスたちはヘパイストスのもとで職人としての腕を振るっていたというから、アイギスは、どちらかが作ったというよりは、両者による共同作業で完成したものなのかもしれない。

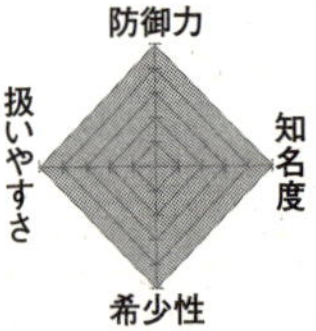

総合評価 S

備考 メデューサの首がついた盾

分類
ギリシャ神話

ちなみに、アイギスの素材となった山羊はアマルテイアという名で呼ばれており、その正体は精霊とも太陽神ヘリオスの末裔ともいわれている。

つまり、アイギスはただの山羊の皮で作られたわけではなく、その素材からして特別なものであったといえるのだ。

メデューサの首を得て無敵となったアイギス

アイギスは作られた時点から非常に強力な盾であったが、この盾の物語にはまだ続きがある。アイギスが真の意味で完成するのは、英雄ペルセウスが怪物メデューサを退治したあとなのである。

ペルセウスがメデューサ退治に向かう際、アテナは彼に鏡のように表面の磨かれた青銅の盾を貸し与える。そして、「メデューサは見た者を石に変える力を持っているので、この盾を鏡代わりにして戦うように」と助言する。

ペルセウスは、この助言通りに盾を鏡代わりにしてメデューサの姿を確認すると、ヘルメスから借り受けた黄金の「ハルパー」（24ページ）を振るい、見事にその首を斬り落としたのである。

その後、メデューサの首を持ち帰ったペルセウスは、感謝の意味を込めてその首をアテナに捧げる。

メドゥーサの持つ、目を見た相手を石化させる能力は首だけになってもなお残り続けており、アテナはアイギスの中央に、この怪物の首をはめ込んだと伝えられている。

こうしてアイギスはその類稀な防御力とともに、相手を石化させるという特別な力を備えた、無敵の盾となったのである。

なお、メデューサ退治に使った青銅の盾こそがアテナの持つアイギスであったとする説もある。

鎧をまとった姿で誕生したアテナ

最後にアイギスの持ち主であるアテナについて紹介しておこう。ギリシャ神話におけるアテナは、知恵、芸術、工芸、戦略を司る女神とされ、その多彩さが示す通り非常に聡明な神であった。また、その名から連想される通り、都市アテネの守護神としても知られている。

女神ということもあって、穏やかで優しい神を連想しがちだが、実際の彼女はかなりの剛の者で、巨人族のなかで最強と謳われたエンケラドスとの戦いでは、シチリア島を投げつけて、これを圧殺。また、トラキアにあっては不死と謳われたアルキュオネウスをヘラクレスとともに引きずり出し、打殺したという。

もはや剛勇というより、凶暴に近いものがあるが、こうした彼女の勇猛さは、その出生からもうかがい知ることができる。

彼女は、ゼウスと巨人のティタン族で知恵の女神でもあるメティスのあいだに生まれた子だが、その出生はゼウスにとって決して喜ばしいことではなかった。

というのも、ゼウスは「女神メティスとのあいだに生まれる子供は、やがて自分を追放する」という予言を受けていたからである。

そこで、メティスが身ごもったことを知ったゼウスは、禍根を断つべく、妊娠したままの彼女を飲み込んでしまう。しかし、胎児はゼウスの身体のなかで生き続け、やがてゼウスは激しい頭痛に苦しめられる。

そして、頭痛に耐えられなくなったゼウスがヘパイストスに斧でみずからの頭を割らせると、中から成人した姿のアテナが飛び出してきたという。このときアテナは全身に鎧をまとった状態であったとされる。つまり、アテナは生まれた瞬間から、戦いをイメージさせる姿であったのだ。

さて、身ごもったときには、あれほど忌み嫌ったゼウスだが、アテナはとても美しく、かつ聡明であった。そうしたこともあってか、ゼウスは自分の子のなかでも、ことのほかアテナを可愛がったという。ゼウスがアテナにアイギスを贈ったのは、かつて彼女を殺そうとしたことへの償いだったのかもしれない。

オハン

危険を感知して叫び声をあげる魔法の盾

叫び声と共鳴で危機を知らせる

「ケルト神話」に登場するアルスター国の王、クルフーアの持つ魔法の盾。

「叫びのオハン」とも呼ばれ、持ち主に危険が迫ると甲高い声をあげて知らせる力を秘めていた。また、その外見も、四本の黄金の角と黄金の覆いが付けられているなど、非常にきらびやかなものであった。

クルフーアは、アルスター国に侵攻してきたコノート軍との戦いの際に、この盾を持参。王が危機に陥りそうになると、オハンが叫んで味方に知らせたという。

また、この叫び声は味方全員の盾に共鳴を起こしたため、たとえ遠く離れた場所にいても、瞬時に王の危機を察知することが可能であったとされる。

無敵の剣の一撃をも防ぐ抜群の防御力

オハンの能力は、単に持ち主に危機を教えるだけではない。実は、その防御力も抜群で、英雄フェルグスの持つ名剣カラドホルグの攻撃を三度受けてもへこみもしなかったとされている。

このカラドホルグは「無敵の剣」と称されるほどの強力な剣で、その威力は三つの小丘のてっぺんを一瞬で切り落とすほどであったという。

これほどの威力を持つ剣の攻撃を受けてもびくともしなかったことからも、オハンがいかに強度の高い盾であったかがわかるだろう。

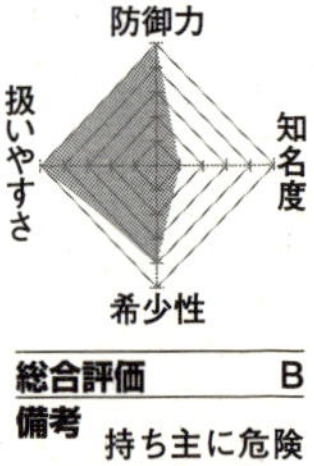

総合評価 B

備考 持ち主に危険を知らせる

分類
ケルト神話

円卓の騎士ガラハッドの持つ盾

ガラハッドの盾

選ばれし者だけが持てる聖なる盾

「アーサー王伝説」に登場する円卓の騎士のひとり、ガラハッドが持つ盾。ガラハッドは、同じく円卓の騎士であるランスロットの息子で、彼はアーサー王の命で聖杯探求の旅に出ることになる。そして、その探求の過程で手に入れることになるのが、この盾だ。

もともとは、とある村の修道院に置かれていたもので、その持ち主は聖杯を手にすることができるという言い伝えがあった。あるときひとりの騎士がこの盾を手にしたところ、謎の白い騎士に襲われ重傷を負ってしまう。その際、この白い騎士は「この盾はガラハッドのものである」と言い残して姿を消したため、騎士の従者はガラハッドを探し出し盾を渡した。すると白い騎士は現れなくなり、盾を手に入れたガラハッドは、言い伝え通りに聖杯を見つけ出すのだった。

この盾は純白の金属でできており、中央には赤い十字が描かれていた。一説によると、この十字はブリテン島にキリスト教を伝えたアリマタヤのヨセフ（アリマタヤ出身。キリストの遺体を引きとったとされる）という、聖人の血で描かれたものであるという。また、このヨゼフの血に連なる人物であることが、聖杯を得るための条件のひとつであったともされている。

そう考えると、ガラハッドが盾を手に入れたのは偶然ではなく、聖杯を得る資格を持った人物であることを証明するための必然であったといえそうだ。

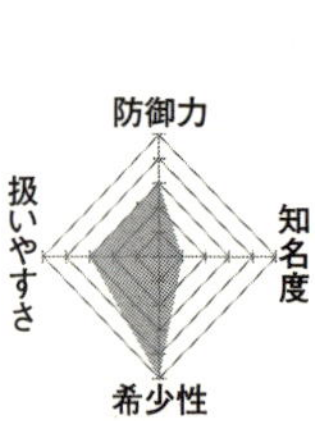

総合評価	C
備考	—

分類
アーサー王伝説

ガラハッドの盾

敵の矢を遠ざける伝説の大鎧

避《ひ》来《らい》矢《し》

龍神より授けられた鎧

平安時代の武将、藤原秀郷が所有していたとされる鎧。避来矢とは、言葉通り「矢を避ける」という意味だが、これは秀郷がこの鎧を身につけて合戦に挑んだところ、一本の矢も当たらなかったことに由来しているとされる。このことから、この鎧には敵の矢を自然に遠ざけてしまう不思議な力があったとも伝えられる。ただし、この鎧は非常に重く、並の者では扱うことができなかったという。

伝説によると、秀郷はこの鎧を、琵琶湖に住む龍神から授かっている。秀郷は非常に剛胆な人物であったため、それを見込んだ龍神が宿敵である大百足の討伐を依頼。これを受けた秀郷は見事に大百足を退治し、そのお礼として、この鎧を授かることとなった。

現代に残る避来矢

文献によると、秀郷は平将門が起こした天慶の乱を鎮圧した人物で、その功により、下野、武蔵の二国の国司と鎮守府将軍に任じられている。

本当に矢が当たらないのかどうかは別として、秀郷が避来矢と呼ばれる鎧を所有していたことは事実のようだ。残念ながら、実物は江戸時代に火事によって焼失してしまったとされているが、兜鉢など焼失を免れた一部は現在も残っており、百足退治の伝説とともに、唐沢山神社（栃木県）で大切に保管されている。

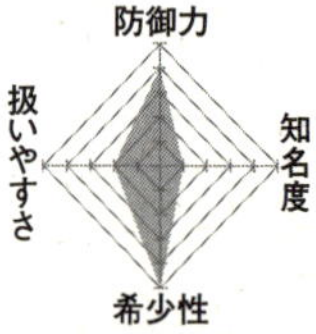

総合評価	C
備考	敵の矢に当たらない

分類
伝説／史実

源氏《げん》《じ》の八《はち》領《りょう》

源氏に伝わる8つの鎧

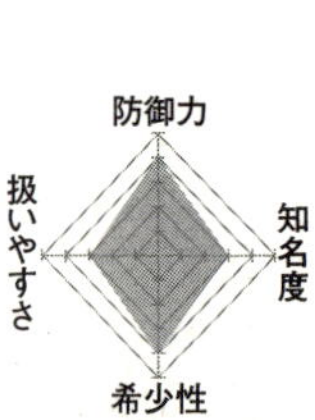

総合評価	C
備考	—

分類
史実

源氏に代々受け継がれた伝説の鎧

源氏の八領とは、嵯峨天皇を祖とする名家、源氏一族に伝わる8つの鎧の総称のこと。

それぞれ、「源太産衣《げんたのうぶぎぬ》」「八龍《はちりゅう》」「薄金《うすかね》」「膝丸《ひざまる》」「月数《つきかず》」「日数《ひかず》」「楯無《たてなし》」「沢瀉《おもだか》」という名がつけられており、薄金は保元の合戦で源為義が、沢瀉と源太産着は平治の乱で源朝永と源頼朝が、八龍は源義朝や源太義平らが着用したと伝えられている。

いずれ劣らぬ逸品ばかりだが、残念なことに、そのほとんどは平治の合戦により失われてしまったという。現在では唯一、楯無のみが現存しており、「小桜《こざくら》韋《がわ》威《おどし》鎧《よろい》兜《かぶと》大《おお》袖《そで》付《つき》」の名で国宝に指定され、菅田天神社（山梨県）で保管されている。

武田家へと伝わった楯無

楯無は源義光が着用した鎧とされ、楯を必要としないほど強固な大鎧であったことから、この名がついたとされる。この楯無は、のちに甲州の武田家に伝えられ、家宝として代々受け継がれていく。特に戦国期には出陣時にこの鎧に必勝を祈願するなど、武田氏の親族や家臣のあいだで神格化されていたという。

武田家が滅亡した際には、武田勝頼の命により山梨県にある向嶽寺の大杉の根本に埋められたが、のちに徳川家康がこれを掘り起こさせ、菅田天神社に納めさせたと伝えられている。

綿で作られた軽量の鎧

クロスアーマー

鋼鉄の鎧を補助する布製のアーマー

クロスアーマーとは、綿を詰めた布製の鎧の総称である。こうしたタイプの鎧は、ヨーロッパからエジプトにかけての広い地域で見ることができ、古代から中世までの時代を通じて長く愛用された。そのため、時代ごとにさまざまなタイプがあるが、一般的には綿を入れてキルティングを施したものが広く知られている。

クロスアーマーは綿でできているため、剣や槍などの鋭い武器に対しては、十分な防御力を持たない。しかし、打撃による衝撃を和らげるという意味においては、非常に優れた効果を発揮した。

そのため、クロスアーマーはそれ単体で着るのではなく、チェインメイルなどの鋼鉄製の鎧の防御力を高めることを目的に、その下に着込む形で用いられるのが主流であったとされている。

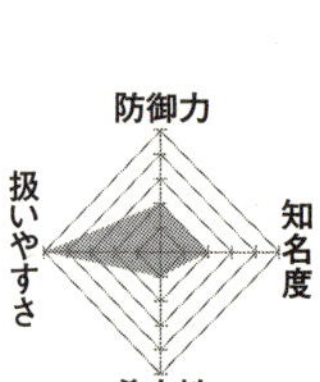

総合評価	D
備考	—

分類
史実

鱗状の鉄板を縫い付けた鎧

スケールアーマー

古代メソポタミアの時代から用いられた歴史ある鎧

革皮製の下地に、鉄板などの小片を縫い付けて作った鎧をスケールアーマーと呼ぶ。スケールアーマーとは、直訳すれば「鱗の鎧」となるが、その名の通り、縫い付けた鉄板が鱗状になっている。

スケールアーマーの歴史は古く、この鎧を最初に着用したのは、古代の北メソポタミアに暮らすフリル人の兵士たちであったとされる。やがてスケールアーマーは周辺諸国へと伝わり、古代ギリシャやローマ、ヒッタイトといった幅広い地域で用いられるようになった。

以降、スケールアーマーはヨーロッパを中心に数十世紀にわたって長く用いられ、時代に応じてラメラーやジャザラントといった、さまざまな種類に形を変えていく。しかし、14世紀ころ、より重厚な鎧が登場すると、次第に廃れていくこととなった。

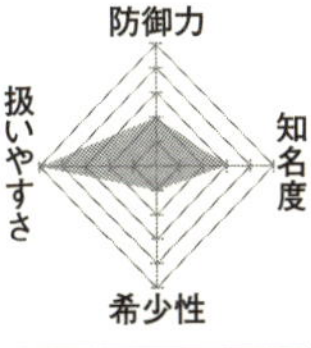

総合評価	C
備考	―

分類
史実

プレートアーマー

抜群の性能を誇る鎧

中世ヨーロッパを代表する甲冑

金属の板同士をリベット（鋲）などで結合して作られた甲冑。中世ヨーロッパを代表する鎧のひとつで、15世紀初頭に誕生すると、その性能の高さから瞬く間にヨーロッパ中を席巻。プレートアーマーの登場により、それまでの鎧はまったく使われなくなったという。

それまでにも金属製の重鎧はあったが、それらは胴、腕、脚といった部分ごとに個別に防具を装着していた。しかし、プレートアーマーはこれらを一体化。全身をより隙間なく防御することを可能とした。

機動性については、全身を金属で覆っているため、さすがに身軽に動き回るというわけにはいかないが、間接部分にはチェインメイルを使用するなど、それなりに工夫が凝らされている。そのため、よく訓練された騎士であれば、馬に跳び乗ることもできたという。

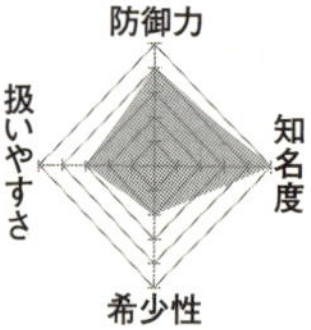

総合評価	C
備考	―

分類
史実

チェインメイル

鉄の輪を繋ぎ合わせた鎧

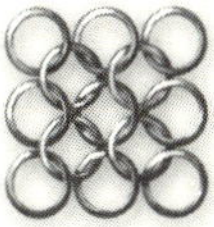

ヨーロッパで広く普及したシャツ状の鎧

鉄の輪を鎖のように繋ぎ合わせて作られた鎧の一種。日本でも鎖帷《くさりかた》子《びら》としてその形を見ることができる。チェインメイルの歴史は古く、紀元前5～6世紀ごろのケルト人たちによって作り出されたのが、そのはじまりとされる。その形状は、鎧というよりは鉄の輪でできたシャツといった感じで、非常に機動性に優れているのが特徴。また、すぐに着ることができるのもこの防具の利点であろう。

チェインメイルは、おもに剣による斬り合いの際の傷を防ぐために用いられ、時代とともに半袖タイプから全身を覆うものまでさまざまな種類が誕生した。全盛期には、ヨーロッパの兵士たちの基本防具のひとつと呼べるほど広く普及したが、15世紀に入ってより強度の高い金属板の鎧などが誕生すると、次第に廃れていくこととなった。

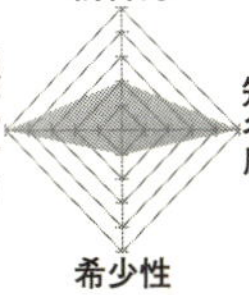

総合評価	C
備考	—

分類
史実

鉄板を張り合わせた鎧

コート・オブ・プレート

14世紀に全盛したシンプルな構造の鎧

コート・オブ・プレートとは、兵士の胴体部分を保護するための鎧の一種である。その構造は、チョッキ状の布地の胴部分に数枚の鉄板を鋲止めしただけという、極めてシンプルなものとなっている。

コート・オブ・プレートが全盛したのは14世紀ごろだが、高性能なプレートアーマーが登場した15世紀には、その姿はほとんど見られなくなってしまったとされている。

なお、コート・オブ・プレートに近いものとして、ブリガンダインと呼ばれる鎧もある。こちらも構造的にはコート・オブ・プレートとほぼ同じだが、コート・オブ・プレートが実践的な鎧なのに対して、どちらかというと装飾などが施されたパレードアーマーといった使われ方をしたため、17世紀ごろまで、その姿を見ることができたという。

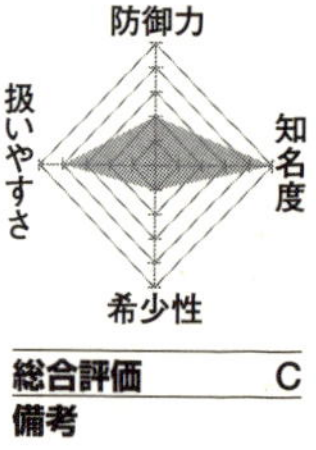

総合評価	C
備考	—

分類
史実

騎兵用に作られた縦長の盾

カイトシールド

西洋の騎士たちのあいだで広く愛用される

カイトシールドは、11世紀ごろにノルウェーから西欧に伝わったとされる盾。その名の通り、カイト（凧）のような縦長の逆三角形の形状をしている。一般的なものは、大きさ横幅30～40センチ、縦幅50センチ～1メートル程度で、重さは1キログラムほどだという。

カイトシールドがこのような形状をしているのは、それまでの歩兵用の盾とは違い、騎乗の兵士を対象として作られたからとされる。通常の盾であれば、騎乗した場合にどうしても下半身が無防備となってしまう。しかし、縦長のこの盾であれば、下半身までしっかりと防御することが可能であったというわけだ。

カイトシールドは、その後の騎馬を中心とした西欧の軍隊の変遷にともなって定着していき、西洋を代表する盾のひとつとなった。

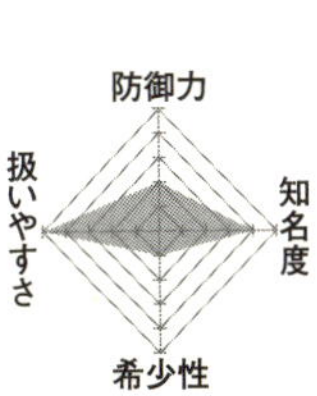

総合評価	C
備考	—

分類
史実

ランタン・シールド

攻防一体となったユニークな盾

補助武器にもなる実験的な盾

ランタン・シールドは、16世紀ごろにイタリアで作られたユニークな形状を持った盾である。その最大の特徴は、円形のシールドに鋭利な刃と棘が取り付けてある点で、いわば攻撃と防御の機能を同時に兼ね備えた形状を持っている。

全長は約1・3メートル、重さは3キログラムほど。盾の部分は篭手と一体化されおり、腕に固定して扱ったと見られる。また盾の先からは、ノコギリ状の長い刃が伸びているため、場合によっては相手を突き刺して攻撃することも可能であった。ただし、攻撃に関してはあくまでも補助的なもので、本来の用途は盾であったと考えられている。

もともとは夜間防衛のために設計されたもので、盾にランタンを取り付けることができたことから、この名称がついたと考えられる。

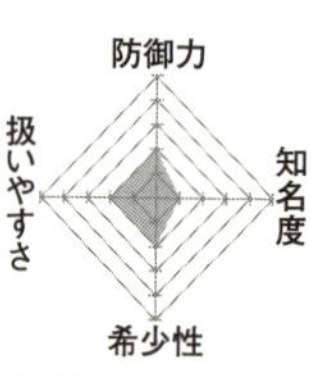

総合評価 D

備考 —

分類
史実

ソードシールド

複数の刃を持つトーナメント用の盾

抜群の腕力とスタミナの持ち主でなければ扱えない大型の盾

両端に複数の刃が取り付けてある大型の盾。全長は1・8～2メートル、重さは6～10キログラムほど。

この盾は15世紀ごろに誕生したとされ、おもにトーナメント（一対一の決闘）で使用された。先端の刃は、1本のものから放射状に3～4本を備えたもの、さらには鉤爪状のものなど、いろいろな種類があったとされ、攻撃の際は両手で持って構えたとされている。

命中すれば致命傷を与えることが可能だが、非常に大型で重量もあることから、使用者にはかなりの腕力とスタミナが求められた。また、大型ゆえに大振りになってしまうため、よほどの熟練者でなければ、まともに扱うことはできなかった。こうしたこともあってか、この盾は15世紀の終わりには、使用されなくなってしまったようだ。

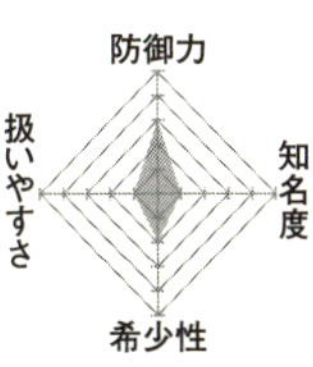

総合評価	D
備考	—

分類
史実

中世の騎士たちが愛用した金属製の兜

ヘルム／グレートヘルム

いったんは廃れるもトーナメント用として復活

ヘルムとは、12世紀から14世紀ごろのヨーロッパで広く用いられた金属製の兜の呼称。この兜は頭からかぶる筒のような形をしており、前面には視界と通気のための穴が空けられていた。また、その頂部は当初は平面であったが、14世紀ごろになると、剣を滑りやすくさせるために、湾曲をつけた丸みのあるデザインへと改良が加えられた。

ヘルムは、それまでの兜よりも優れた防御性能を持っていたが、頭部全体を覆ってしまうことから、どうしても視界が悪くなってしまうという欠点があった。そのため、面部の開閉が可能な「アーメット」（211ページ）などが登場すると、ヘルムはしだいに廃れてしまう。

しかし、15世紀に入りトーナメントが盛んになると、ヘルムを強化したグレートヘルムが誕生する。

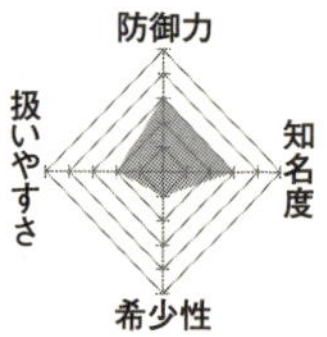

総合評価	D
備考	—

分類
史実

アーメット

高い機能性と防御力を兼ね備えた兜

騎士たちに高い人気を誇った優れものの兜

アーメットは15〜16世紀のヨーロッパで広く用いられたヘルメット型の兜で、その前面にはバイザーと呼ばれる開閉可能な面当てが取り付けられている。通常、顔全体を覆うヘルメット型の兜は視界の悪さが欠点となるが、アーメットはバイザーを引きあげることで、頭部全体を保護しつつ、視界の広さを確保できるようになっている。

また、口元部分にもチークピースと呼ばれる開閉可能な部品が取り付けられており、ヘルメット特有の息苦しさを解消している。特に戦闘後などに急いで呼吸を整えたいときは、このチークピースの存在は、非常に便利であったのではないだろうか。

こうした多くの機能性を兼ね備えていたこともあり、アーメットは西洋の騎士たちを中心に広く愛用されることになった。

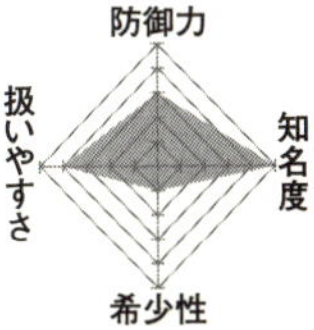

総合評価	C
備考	—

分類
史実

ギリシャの英雄を支えた鎧

アキレウスの鎧

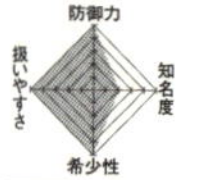

総合評価　B
備考
とても軽い
分類
ギリシャ神話

鍛冶の神ヘパイストスが作りあげた無敵の鎧

「ギリシャ神話」に登場する英雄アキレウスが母テティスから授かった鎧。アキレウスは、トロイア戦争における最強の勇者とされる人物で、剣だけでなく、槍や弓なども超一流の腕前を持っていた。また、馬に負けないほどの俊足の持ち主であったという。

この鎧は、アキレウスの身を心配する母テティスのために、鍛冶の神ヘパイストスが作りあげたものだ。強固かつ非常に軽かったため、この鎧を身につけたアキレウスは、その俊足を妨げられることなく、戦場を駆けることができた。アキレウスの勝利を支えたこの鎧の存在は敵味方に広く伝わっており、アキレウスの死後は、鎧をめぐって争奪戦が行われたという。

ギリシャの英雄アイアスの持つ盾

アイアスの盾

総合評価　B
備考
—
分類
ギリシャ神話

トロイアの英雄ヘクトールの槍を防いだ盾

「ギリシャ神話」に登場する、英雄アイアスの持つ盾。アイアスはサラミス王テラモンの息子で、トロイア戦争で活躍した勇士である。類稀な武勇を持つ人物で、「ギリシャ神話」においては、ギリシャのアキレウス、トロイアのヘクトールに匹敵する英雄とされている。

アイアスの盾は、一般的に青銅の盾になめした牛皮を7枚敷き詰めたものと伝えられる。なんらかの魔法的な効果があったとする記述はないが、アイアスがヘクトールと一騎打ちを行った際、この盾は唯一、ヘクトールの投げた槍を防いだとされている。この逸話により、アイアスの盾は強力な防具のひとつとして、後世に広くその名を残すこととなったのである。

ハデスの兜

冥界の王が持つ姿を消す兜

英雄ペルセウスを救った魔法の兜

「ギリシャ神話」の英雄ペルセウスが、見た者を石に変える怪物メデューサを退治する際に用いた兜。

もともとは冥界の王と呼ばれるハデスの持ち物で、ペルセウスがメデューサ退治へ向かう際に、ヘルメスの「ハルパー」（24ページ）やアテナの「アイギス」（190ページ）らとともに借り受けたものだ。

この兜には、装備した者の姿や気配を消すという魔法の力があった。メデューサにはステンノとエウリュアレという不死身の姉がおり、ペルセウスがメデューサを退治すると、すぐに追いかけてきた。

しかし、ペルセウスは見つかるまえにこの兜で姿を消したため、その追跡を免れることができたという。

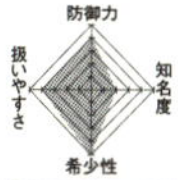

総合評価　B

備考
姿を消すことができる

分類
ギリシャ神話

唐《から》皮《かわ》の鎧《よろい》

天から降ってきた不動明王の鎧

小烏丸とともに平氏に伝えられる

先の項で、源氏に伝わる「八領の鎧」（200ページ）を紹介したが、そのライバルである平氏にも代々伝わる鎧がある。それが、この唐皮の鎧だ。

この鎧には、桓武天皇の甥の香円（伯父の慶円とする説もある）が真言の修法を行なっていたときに天から降ってきたという伝説があり、不動明王の持つ七つの鎧のひとつであると言い伝えられている。

その後、この鎧は国家の守りとして天皇家の御宝とされたが、のちに「小烏丸」（87ページ）とともに平貞盛に下賜され、平氏に伝わったとされる。この鎧が実在したかは定かではないが、書物『平治物語』では、平清盛の嫡男、重盛が着用したと伝えられている。

総合評価　C

備考
—

分類
平治物語

円形状の一般的な盾

ラウンドシールド

総合評価　C

備考　—

分類　史実

中世ヨーロッパで広く用いられた盾

ラウンドシールドとは、おもに中世暗黒時代のヨーロッパで多用された木製の盾のことで、広くは円形状の盾の総称として用いられる。

その構造は、基本的には厚さ3センチほどの木の板を張り合わせただけのシルンプルものだが、なかには表面に皮を張ったり、縁に金属の輪をはめたりして補強したものもある。また、その直径は30センチ〜1メートル程度、重さは0・5〜2キログラムほどであったといわれている。

ラウンドシールドは、中世において一般的な防具となったが、それは当時は鎧がまだ高価で、多くの兵士は身につけることができなかったためである。

銃器の仕込まれた鋼鉄製の盾

アイアンシールドピストル

総合評価　D

備考　—

分類　史実

護衛のために開発された特殊な盾

アイアンシールドピストルは、16世紀のイギリスで作られた特殊な盾で、当時の王であるヘンリー8世を警護する兵士たちが装備していたとされる。

この盾の最大の特徴は、なんといっても盾の中央に銃器が取り付けられていることだ。そのため、盾として王の身を守るだけでなく、いざとなれば敵に発砲して傷を負わせることもできた。

ただし、込められる弾丸は1発だけで、銃自体も短身であったため、うまく命中させるにはかなりの熟練を必要としたと考えられる。そのため、離れた場所から狙撃するというよりは、接近された場合や威嚇用として用いられることが多かったと推測される。

平安時代に登場した鎧

大《おお》鎧《よろい》

馬上の将に用いられた重装備の鎧

大鎧は平安時代に誕生した鎧の形式のひとつ。当時は、馬上で弓を射る騎射戦が主流であったため、これに対抗する形で登場した。

基本的には騎馬の将が用いるもので、その構造は、肩から上腕部を防御する大袖《おおそで》、弓を射るときに開く脇と胸部を防御する鳩尾板《きゅうびのいた》、頭部を守る兜といった複数の部品からなり、非常に重量がある。そのため徒歩での着用には向かないが、馬上であれば鎧の重量は鞍にかかるため安定して用いることができた。

日本を代表する鎧のひとつだが、非常に高価であったため、実際にこの鎧を身につけることができたのは、身分の高い武将のみであったという。

総合評価	C
備考	—
分類	史実

藤を材料とした特殊な鎧

藤《とう》甲《こう》

『三国志演義』に登場する南蛮軍が用いた鎧

小説『三国志演義』において、南蛮の武将である兀《ごつ》突骨《とつこつ》の軍が使用した鎧。山中の絶壁に育つ藤と呼ばれる植物を使い、この藤を油に漬けては乾かす、という工程を繰り返したものを編んで作られている。非常に優れた鎧で、刀も矢も受けつけぬほどの強度と水につかっても沈まないほどの軽さを兼ね備えていた。

まさに無敵といえる鎧だが、この藤甲にもひとつだけ欠点があった。植物でできているうえに、たっぷりと油が染み込んでいるため、火にはめっぽう弱かったのだ。序盤は快進撃を続けた兀突骨軍だが、この弱点を見破られたことで火攻めに遭い、あえなく敗北を喫することになるのである。

総合評価	C
備考	—
分類	三国志演義

•COLUMN•

ギリシャ神話に登場するおもな神々

ギリシャ神話には、さまざまな神々が登場する。ここでは、そのなかでも特に重要な位置を占めるとされる12の神を紹介しよう。ただし、異なる説があるため紹介は全15神となっている。

神名	解説
ゼウス	ギリシャ神話における神々の王で、雷を司る天空神。次々と相手を変えては多くの子供を生ませるなど、好色な神としても知られる。
ヘラ	ゼウスの妻で、結婚や貞節を司る女神。ゼウスが女性にだらしないということもあってか、非常に嫉妬深い女神として描かれる。
アテナ	ゼウスの娘で、知恵や芸術、戦略を司る女神。知勇に優れており、巨人族との戦いでは最強の勇士エンケラドスを打ち破っている。
アポロン	ゼウスの息子で太陽神でもあり、音楽や予言なども司る。アテナとは双子。理性的な神とされるが、人間を疫病で殺すなど残虐な面もある。
アフロディーテ	愛と美と性を司る女神。ゼウスの娘とも、天空神ウラノスの男性器にまとわりついた泡から生まれたともされる。
アレス	ゼウスとヘラの子で、戦を司る軍神。荒ぶる存在として畏怖された。美男子であったとされることが多い。
アルテミス	ゼウスの娘で、狩猟と清浄を司る女神。アポロンの双子の妹（姉とする説もある）でもある。
デメテル	農耕と大地を司る女神で、ゼウスの姉にあたる。豊穣の神であり、穀物の栽培を人間に教えたとされる。
ヘパイストス	ゼウスとヘラの子で、アレスの兄にあたる。炎と鍛冶を司る神とされ、神々の持つさまざまな武具を作りあげたとされている。
ヘルメス	ゼウスの息子で、伝令の神としてよく知られる。また、幼いころにアポロンの飼牛を盗んだことなどから、泥棒の守護神ともされる。
ポセイドン	海洋を司る神で、ゼウスの兄にあたる。三又の槍トライデントを持つことでも知られる。
ヘスティア	炉を司る女神で、ゼウスの姉にあたる。家庭生活や国家統合の守護神として崇められた。また、祭壇・祭祀の神でもある。
ディオニュソス	ゼウスの息子で、豊穣とぶどう酒と酩酊を司る神。陶酔などを象徴する神で、熱狂的な女性信者を獲得していたという。
ハデス	ゼウスの兄で、冥界を司る神。冥界の王とされ、悪役のイメージが強いが、本来は無垢で真面目な性格であったという。
ペルセポネー	ゼウスの娘で、ハデスの妻。母が豊穣の女神デメテルであることながら、春の女神ともされる。

第七章 道具類

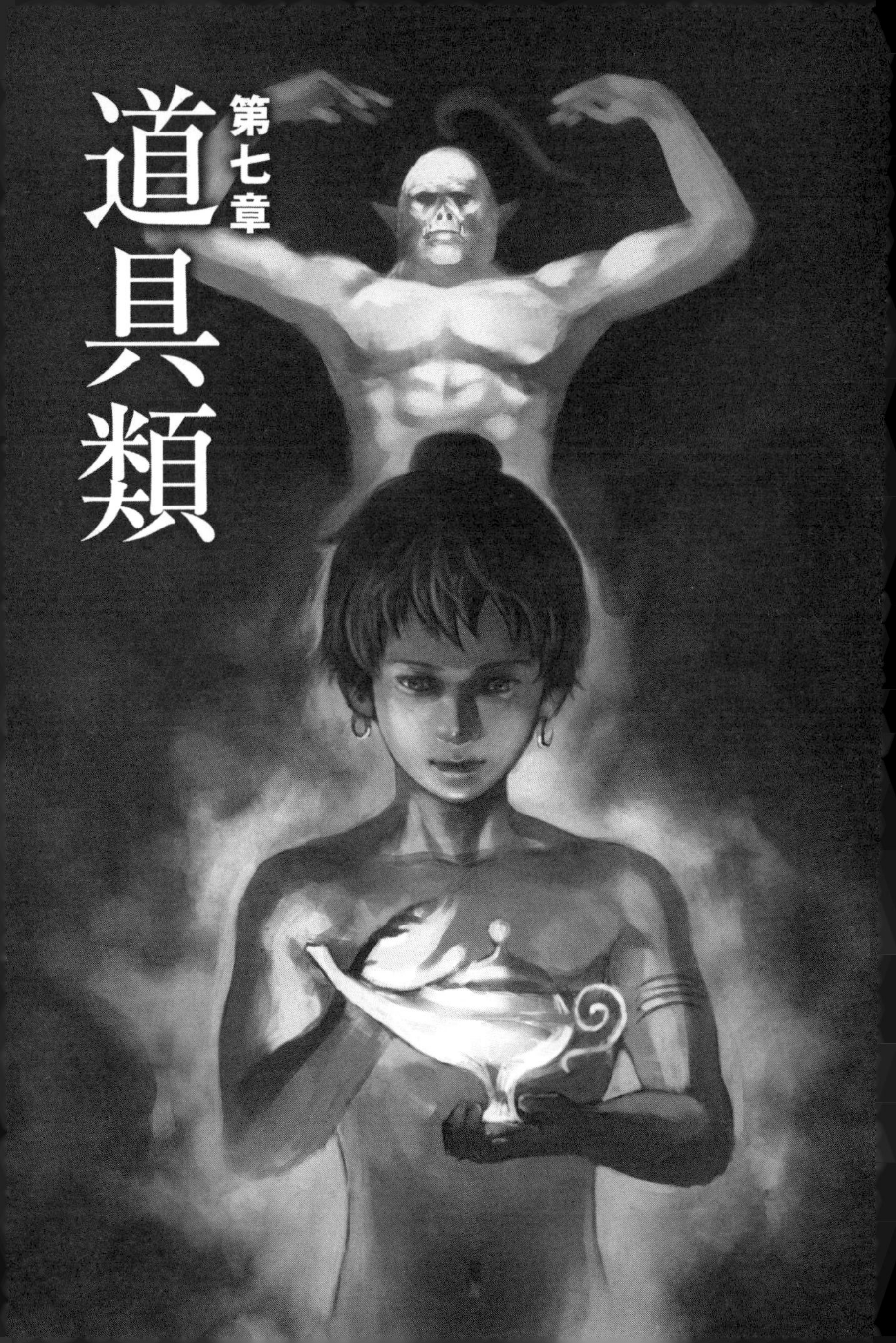

今なお語り継がれる、神秘的な力を秘めた道具たち

第七章では、世界各地の神話や伝説のなかに登場する、さまざまな道具を紹介していく。

神話や伝説の世界において、特別な力を持っていたとされるのは、なにも剣や盾だけに限った話ではない。これらの物語のなかには、魔法の力を持つ神秘的な道具も数多く登場しているのだ。

神秘的な力を持つ道具というのは、世界各地の伝承のなかで見ることができる。よく知られているものとしては、西洋の「アーサー王伝説」に登場する聖杯、「ギリシャ神話」に出てくるパンドラの箱、「旧約聖書」などに描かれるソロモンの指環などがあげられよう。

また、東洋でもアラビアの書物『アラビアン・ナイト（千夜一夜物語）』の魔法のランプ、中国の小説『西遊記』に登場する芭蕉扇など、お馴染みのアイテムは多い。

日本でも古代の神々が作ったとされる八尺瓊勾玉《やさかにのまがたま》と八咫鏡《やたのかがみ》は、草薙剣《くさなぎのつるぎ》とともに「三種の神器」と呼ばれ、神聖化されている。

古代において、こうした道具の力の源となっていたのは、神話に登場する神々や精霊たちであった。古代の人々はそうした存在の力を道具へと投影し、それを崇拝することで神々への信仰を表した。つまり、この時代の道具とは、神々の持つ強大で畏怖すべき力の象徴だったわけである。

中世になると、その存在は神話のなかの神々から、キリストや釈迦といった聖人へと変化する。信仰の対象という点では、キリストも釈迦も神であることに変わりはないのだが、古代と比べると、より神聖性の高いものとなっている。

やがて近代になると、こうした宗教性は薄れ、代わりに悪魔や魔術といった、いわゆるオカルト色の強いものが誕生するようになる。悪魔の召喚法が記された魔術書レメゲトンや魔術道具の一種である栄光の手などは、こうしたオカルトの概念から誕生したアイテムといえよう。

今日においても「お守り」など、なんらかの力を秘めるとされる道具は多い。魔道具の数々は、時代とともにその形を変え、永遠に存在し続けていくのだ。

アーサー王が追い求めた聖なる杯

聖《せい》杯《はい》

説によって数種類ある聖杯

中世ヨーロッパの「聖杯伝説」で有名な聖杯は、生命の力に満ちて飲む者の傷や病を癒し、永遠の命をも与えるという。

聖杯そのものは、キリストが最後の晩餐で使用した杯であるとか、処刑された際に血を受けた杯であるという説がある。

最後の晩餐で使用したといわれる杯は、スペインのバレンシア大聖堂にあるもので、メノウで作られている。イエスの弟子であるペトロがローマに持ち込んだが、キリスト教への弾圧が始まったためにスペインへ移され、スペイン国内を転々としたのちにバレンシアに落ち着いたとされている。

キリストの血を受けたといわれる杯は、1910年にシリアのアンティオキアで発見されたもので、現在はメトロポリタン美術館に保存されている。

しかし、これは杯ではなくて照明に使われたものだという説もあり、真実のほどは定かではない。

また聖杯は、キリスト教にかかわる聖遺物ではなく、「ケルト神話」に登場する秘宝「ダグザの大釜」（243ページ）を指している場合もある。

これは、キリスト教が広まる過程で民間伝承と交わったとされる例で、その後さまざまな聖杯伝説も生まれており、「アーサー王伝説」で求めていた杯は、実はダグザの大釜だったともいわれている。

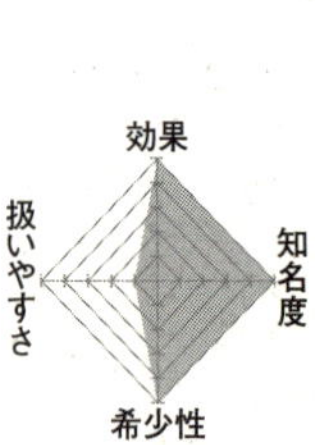

総合評価	B
備考	—

分類
アーサー王伝説

開けてはならない神秘の箱

パンドラの箱

諸説入り乱れるパンドラの箱

パンドラの箱は、「ギリシャ神話」に登場する箱で、この世のさまざまな災い、もしくは幸福が詰まっていたとされるものである。

主神ゼウスの命令に従ったプロメテウスは、泥から最初の人であるエピメテウスを作ったが、ゼウスに背いて火を与えたために罰を受けることになった。

火を手に入れたエピメテウスを許せないゼウスは、鍛冶の神であるヘパイストスに命じて泥から最初の女性であるパンドラを作らせ、「好奇心」を与えてエピメテウスの元に送った。

ゼウスから罰を受けることを予想していたプロメテウスは、エピメテウスにゼウスからの贈り物は受けとらないよういい含めていたが、エピメテウスは美しいパンドラをひと目で気に入って妻にしてしまう。

エピメテウスの家には、プロメテウスがこの世の悪を閉じ込めておいた箱が置いてあったが、好奇心にかられたパンドラが箱を開けてしまい、慌てて閉めたときには「希望」しか残されていなかったという。

以上がパンドラの箱にまつわる伝説だが、箱の中に入っていたものは善なるもので、最後に足の遅かった希望だけ残されたという説や、実は希望こそがゼウスが最後に入れた災厄で、人は叶わぬ希望を抱きつつ苦痛を味わうことになったという説など、諸説があって明確な答えはまだ存在しない。

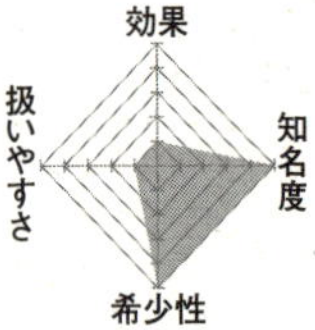

総合評価	C
備考	—

分類
ギリシャ神話

強大な力で魔物を従える指環

ソロモンの指環

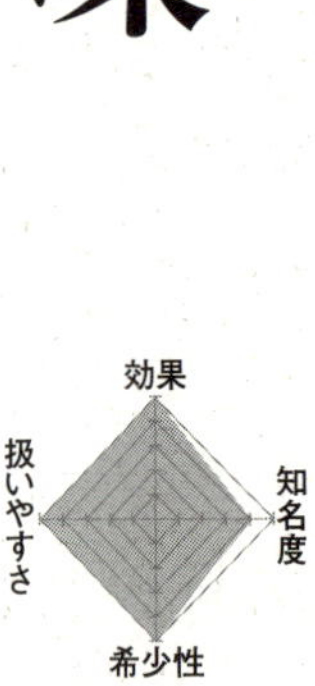

総合評価	A
備考	—

分類
旧約聖書

天使や悪魔を従えるソロモンの指環

ソロモンの指環は、聖典『旧約聖書』の「列王記」に登場する古代イスラエルの王、ソロモンが所有する指環である。ソロモン王は、エジプトのファラオの娘を娶《めと》った際に、神に盛大な贈り物をし、その引きかえに知恵を授かったといわれ、知恵者の象徴となった。

子供をめぐって争うふたりの女に対し、賢明な裁定を下した話は有名で、世界に広く伝わっている。

さて、イスラエルを繁栄に導いたソロモン王は、エルサレムに神殿を建築することにした。しかし、工事が思うように進まなかったため、ソロモン王が唯一神ヤハウェに祈ったところ、大天使ミカエルが降臨してひとつの指環を授けたという。ソロモン王は、授かった指環の力で多数の天使や悪魔を召喚すると、彼らに神殿を建築させたというのである。

ユダヤの伝承によれば、この指環は『ソロモンの大きな鍵』と呼ばれる魔導書とともに与えられたものともいわれ、魔導書によって呼び出した72の悪魔を従わせ、封じる力があったといわれている。

また、イスラム圏の伝承によると、ソロモン王は錬金術に通じており、指環は彼自身の手によって作られたものだという。

指環にはアッラーの神の名が彫られていて、善良なるジン（イスラムの魔物）と邪悪なるジンの双方を従える力があった。

ソロモンの指環

ソロモン王の遺した魔術書

レメゲトン

悪魔の召喚法が記された書

紀元前のイスラエルの王、ソロモンが用いたとされる、数々の秘術が記された魔術書。『ソロモン王の小さき鍵』とも呼ばれる。

この書物は四つの部から構成されており、それぞれ「ゴエティア」「テウギア・ゴエティカ」「パウロの術」「アルマデル」という名称がつけられている。

なかでも重要とされているのが第1部の「ゴエティア」で、ここではソロモン王が操ったとされる72体の悪魔の姿と、それらを呼び出し、使役させるための方法が記されている。現在、一般に広く知られている悪魔の姿は、この書に描かれたものが原型となっているとされ、そのなかには蝿の王ベルゼブブといった、お馴染みの悪魔たちも含まれている。

レメゲトンの起源

「ソロモンの秘術を記した」という触れ込みのレメゲトンだが、本当にソロモンの書き記したものなのか、というとかなり疑わしい。

というのも、これまでに発見されたレメゲトンといわれる書物は、古くても17世紀ごろのもので、それ以前に存在していたという確固たる証拠がないのだ。

一説では、第1部の「ゴエティア」以外は、もともとはソロモン王と無関係な書物であったともされており、その起源は謎のままである。

総合評価　D

備考

—

分類

伝説／史実

魔法のランプ

精霊を呼び出せる不思議なランプ

有名な「アラジンと魔法のランプ」の道具

アラジンのランプは、アラビア圏の逸話集『アラビアン・ナイト（千夜一夜物語）』のなかでも、もっとも有名な話のひとつである「アラジンと魔法のランプ」に登場するランプだ。

ランプとは、本来は中に油を注いで注ぎ口にある芯に火をつけ、明かりをとる道具であるが、アラジンのランプはこすると魔人が現れて、召喚者の願いをかなえてくれるというものである。

母親と貧しい暮らしをしていたアラジンは、伯父を名乗る悪い魔法使いにそのかされて、魔法使いが地面に空けた穴から古びたランプを取ってくることになる。しかし、取ってきたランプを前にした魔法使いが悪の本性の片鱗を見せ、怖くなったアラジンがあとずさりすると、魔法使いによって穴へ閉じ込められてしまう。アラジンは、穴に入るまえに魔法使いから受けとっていた指環の精の力で穴を脱出。家に戻ってランプを磨くと魔人が現れ、魔人の力を借りてさまざまな願いをかなえるのである。

その後、アラジンは王国の姫と結婚するが、姫は魔法使いに騙されてランプを渡してしまい、魔法使いによって召喚された魔人にさらわれてしまう。

しかし、アラジンは指環の精の力を借りて姫とランプを取り戻すと、魔法使いを世界の果てに追放して姫と幸せに暮らすのだった。

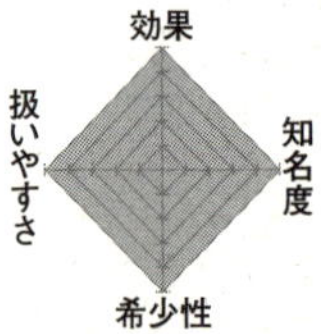

総合評価	S
備考	—

分類
アラビアン・ナイト

日本に伝わる神秘の神器

八《や》尺《さか》瓊《にの》勾《まが》玉《たま》と八《や》咫《たの》鏡《かがみ》

総合評価	C
備考	—

分類
日本神話

天照大神を引っ張り出すために作られた

天叢雲剣《あまのむらくものつるぎ》とともに、日本の皇室に伝わるという「三種の神器」に数えられる。もとは、岩屋にこもった天照大神を外に引っ張り出そうと開いた祭りで、このふたつが使われた。歴史書『日本書紀』などでは「三種の宝物」とあり、「神器」と呼ばれるようになったのは南北朝時代からだという。

八尺瓊勾玉は、玉造部（勾玉を作る人たち）の神とされる玉祖命《たまのおやのみこと》が作成したとされる。勾玉は、古代では貴人の装飾品であり、「八尺」は大きさを表す言葉だがサイズではなく「通常よりも大きい」という意味で使われている。また「瓊」は赤を表すので、八尺瓊勾玉は「普通より大きく赤い勾玉」という意味になる。

一方の八咫鏡だが、ここでいう鏡は祭事や神事に使用する、金属を磨きあげた太陽を反射するためのものを指す。八咫とはやはり「大きい」という意味で、祭事に使用する大きな鏡ということになる。

この鏡は、天照大神が瓊瓊杵尊《ににぎのみこと》（天照大神の孫）に授けた際に、「我自身と思って祭るように」と神勅を下したという逸話から、天照大神の御魂代であることがうかがえる。

「三種の神器」は天皇の即位の際に儀式で使われるものとされるが、剣と鏡のレプリカ、及び勾玉を所持することで皇位継承の儀式を行っているという。ただ、これらがない状態で即位した天皇の例もある。

八尺瓊勾玉と八咫鏡

トロイアの木馬

戦争の帰趨を決した巨大な木馬

女性の奪い合いから始まった「トロイア戦争」

トロイアの木馬とは、「トロイア戦争」で使用されたといわれる、中に人が隠れることができる大きな木馬で、ギリシャ勢がトロイア（イリオス）を陥落させるために作ったものである。

トロイア戦争は、妃をトロイアの王子パリスに奪われたスパルタ王メネラオスが、彼の兄でミュケナイの王アガメムノンや英雄オデュッセウスとともに、妃の奪還を目標に大軍を率いてトロイアへ押し寄せたことからはじまった。しかし、トロイアがなかなか陥落しなかったため、オデュッセウスが考えたのが、巨大な木馬を作成して中に人を潜ませるという計画である。アテナに捧げるものと偽って木馬を市内へ引き入れさせ、酔って寝静まったところで中に隠れていた兵が行動を起こし、トロイアを一晩で陥落させたのである。

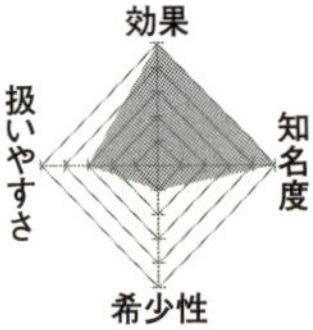

総合評価	C
備考	—

分類
ギリシャ神話

神すら魅了するほどの音色を奏でる竪琴

オルフェウスの竪琴

強大な魔力にも匹敵する竪琴の音色

文芸を司る神、カリオペの子として生まれたオルフェウスは、若いころから竪琴の腕に優れていた。この竪琴には、彼自身が作ったという説や、太陽の神アポロンから贈られたものという説があるが、竪琴を奏でて嵐を鎮めたり、セイレーンの魔力を破ったりしていることから、アポロンからの贈り物だった可能性は高いだろう。

最愛の恋人であったエウリディケが亡くなると、オルフェウスは竪琴を片手に冥界に乗り込み、番犬のケルベロスや冥王ハデスすら音色の虜にして、出口まで振り返らないことを条件にエウリディケを返してもらうことになる。しかし、出口まであと少しのところで振り返ってしまい、恋人を失ったオルフェウスは失意のうちに亡くなり、竪琴は天にあげられて星座になったという。

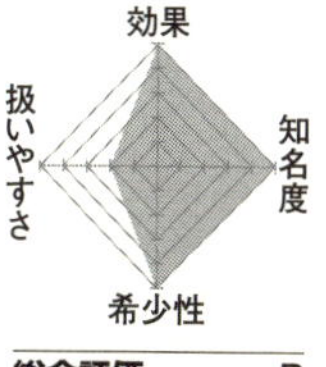

総合評価	B
備考	—

分類
ギリシャ神話

ブリーシンガメン

女神をも魅了した美しい首飾り

首飾りのために呪われてしまった不幸な人々

ブリーシンガメンは、アルフリッグ、グレール、ドヴァリン、ベーリングという、4人のドワーフが作った炎のように光り輝く首飾りで、主神オーディンの側室だった女神フレイヤが、ドワーフたちが仕上げを行っているところを偶然目にし、身体と引き換えに手に入れた。

しかし、奸智の神ロキが告げ口したためにオーディンは激怒。フレイヤから首飾りを取りあげ、首飾りをフレイヤに返却する条件として呪いをかけてくるよう命じたのである。フレイヤは、デンマーク王ホグニに魔剣「ダーインスレイヴ」（26ページ）を授けると、ホグニの親友のサラセン王ヘジンに魔法の酒を与えて、ホグニの娘ヒルドを略奪するようそそのかした。またヒルドに死者を復活させる万能薬を渡したので、ふたりは永久に戦い続けることとなった。

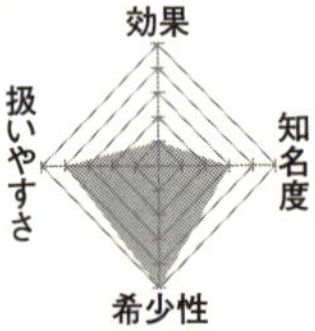

総合評価	C
備考	魔法的な効果はない

分類
北欧神話

賢者の石

錬金術師が追い求めた秘石

金属を黄金に変化させる万能元素

あらゆる金属を黄金へと変化させる賢者の石は、錬金術師たちが長年追い求めたもので、地水火風の4大元素をすべて内包した、第5の万能元素ともいわれている。石とはいうものの、その形態もさまざまで、液体や粉末状のものであるという説もあり、定かではない。

実在した錬金術師たちは、水銀や硫黄に注目していたようで、これらの元素になんらかの反応を起こさせることで、賢者の石が精製できると考えていたという。なお、水銀と硫黄を扱っていたのであれば、それらを使う金メッキの技術と関係があったのかもしれない。

また賢者の石は、単に金を精製するための道具というわけではないようで、病人を治療したり、人々の精神力を高めたりする効果もあるとされている。

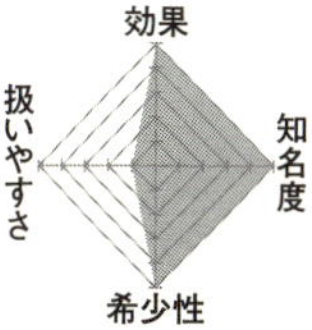

総合評価	B
備考	—

分類
伝説

エリクサー

不老不死をもたらすという奇跡の水

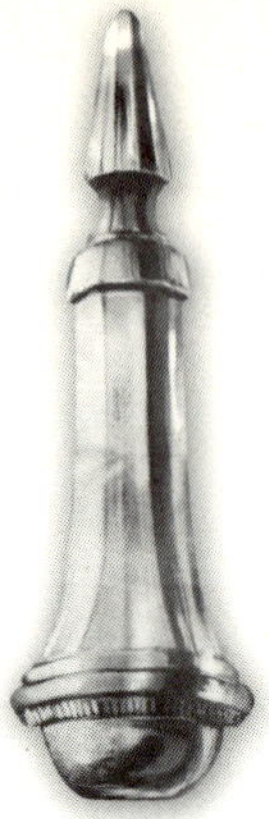

歴史上の人物にまつわるエリクサーの伝説

エリクサーは、「賢者の石」（235ページ）と同じく錬金術によってもたらされるという霊薬で、賢者の石を用いて精製される。もしくは賢者の石そのものと同一視される。

別名「生命の水」とも呼ばれ、万病を治すほか不老不死をもたらす効果を持ち、中世のドイツに伝わる伝説では、錬金術師として有名なパラケルススが、エリクサーを用いて医療活動を行っていたという。

また、18世紀にフランスで有名になったサンジェルマン伯爵は、何年たってもまったく歳をとらないように見えることで人々を不思議がらせていたが、秘訣は秘薬にあると公言していたという。

使用人に伯爵の歳を尋ねたところ「300年しかお仕えしていないので答えられません」と言ったなどの話がある。

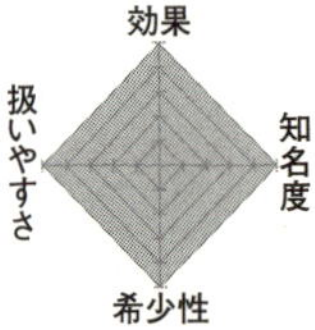

総合評価	S
備考	—

分類
伝説

死者の手から作られた燭台
栄光の手

魔術で使用される燭台

死者の手を切りとって作られる栄光の手は、持ち主に幸運をもたらすほか、魔術の行使を手助けする道具にもなるという。

12～18世紀を中心にイギリスやアイルランドを中心に使われた。

作り方は、絞首刑になった罪人の手を切りとって、硝石や塩、唐辛子などと一緒に漬け込み、二週間後に取り出して天日で干すのだというが、月桂樹とともに埋めておくという説や、単に塩漬けにして乾燥させるだけという説などもある。

また、燭台に使用する蝋燭は、絞首刑になった男の脂肪と採れたての蜂蜜などから作ったものを使用することで、家の中にいる人々の動きを封じることができる魔力を発揮するという説もある。

なお、手自体に芯をつけて火をともすこともできたようだ。

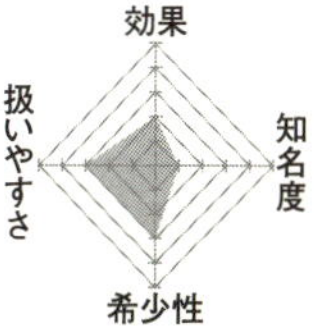

総合評価	D
備考	実際に作られていた小道具
分類	史実

イカロスの翼

発明家ダイダロスが作った蝋の翼

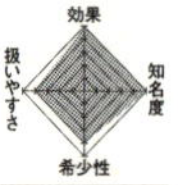

総合評価　A
備考
—
分類
ギリシャ神話

太陽に接近しすぎたために溶けてしまう

ギリシャの名匠ダイダロスは、ある事件を起こしてギリシャを追放され、ミノス王の庇護を受けつつミノタウロスを封じた迷宮の建設などを行っていた。

しかし王女アドリアネが、一目惚れした勇者テセウスに迷宮の脱出方法を教えたため、知恵を貸したダイダロスも王の怒りを買って、塔へ幽閉されてしまった。

ダイダロスは、息子のイカロスとともに鳥の羽を蝋で固めた翼を作って塔を脱出したが、息子のイカロスは父の制止を聞かずに太陽に近づきすぎたため、蝋が溶けて墜落死してしまう。このイカロスの逸話が有名なため「イカロスの翼」と呼ばれるが、本来なら作成者の名をとって「ダイダロスの翼」と呼ぶべきだろう。

タラリア

天上や冥界にも渡れる翼の生えた靴

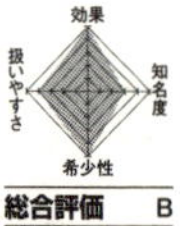

総合評価　B
備考
—
分類
ギリシャ神話

タラリアはペルセウスにも貸し出された!?

タラリアは黄金の翼を持った魔法の靴で、「ギリシャ神話」に登場する、伝令神ヘルメスが所有している。ヘルメスは、神々のなかでも足が速いことで知られており、それが理由で神々の伝令役を務めることになったが、実は彼が快速だったのはタラリアを履いていたからだ。そして伝令役として、世界中を回るだけでなく天上と地上、果ては冥界まで行き来するようになると、ヘルメスにとってタラリアは必需品となった。

なおタラリアは、勇者ペルセウスがメデューサを退治する際に貸し出されたともいわれるが、森のニンフ（精霊）たちから羽の生えたサンダルを借り受けたともいわれており、定かではない。

波を自在に操る海神の法螺貝

トリトンの法螺貝《ほらがい》

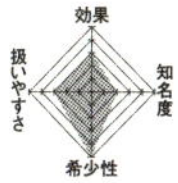

総合評価　C
備考
—
分類
ギリシャ神話／ローマ神話

法螺貝の音色は巨人をも恐れさせる

トリトンは、人の体に馬の前足、魚の尾を持つ海の神で、海神ポセイドンの息子である。父と同じくトリトンも三叉の矛を持っているが、彼を象徴するのは手にした法螺貝で、吹き鳴らすことで波を立てたり鎮めたりする効果を持つという。

また、吹き鳴らした法螺貝の音も特徴的で、音を聞いた巨人たちが「野獣のうなり声」と勘違いして逃げ出すほど、恐ろしい音を出したという。

トリトンは「ローマ神話」にも登場しており、ミセヌスというラッパ吹きに対決を挑まれている。トリトンはこの対決に勝利すると、傲慢にも対決を挑んできたミセヌスを海へ放り込んだという。

テセウスをラビリンスから生還させた

アリアドネの糸

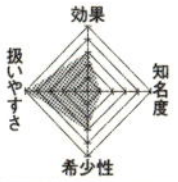

総合評価　C
備考
発明家ダイダロスの発明品
分類
ギリシャ神話

難題を解決した糸玉

アテネ人に息子を殺されたクレタ王のミノスは、アテネを征服するとミノタウロスへの生贄を要求する。そのミノタウロスを退治しようと生贄に混じっていたアテネのテセウスを見て、王の娘のアリアドネは恋に落ち、迷宮へ向かうテセウスに糸玉と剣を持たせた。

剣でミノタウロスを倒したテセウスは、迷宮に入るときに張った糸をたどって帰還するが、この糸が「アリアドネの糸」である。ギリシャ人の発明家ダイダロスが作ったもので、ひとりでに糸玉に巻き戻るという以外に魔法的な力はないが、これによって奥深い迷宮で怪物を退治し帰還するという難題を解決できたため、難しい問題に対する解決法を指す言葉ともなった。

音楽好きのイルカも愛した竪琴

アリオンの竪琴

総合評価 D

備考

—

分類

ギリシャ神話

イルカを魅了し自身の命を救う

アリオンは、「ギリシャ神話」に登場する詩人で竪琴の名手とされ、彼が心を込めて竪琴を弾けば、音楽好きのイルカたちをも魅了したという。

王宮に仕えていたアリオンは、自分の才能を試そうと考えてシシリア島で開かれた音楽祭に出場した。アリオンは、多額の賞金と名声を得たが、帰りの船で欲に駆られた船員たちに暗殺されそうになる。

最期は音楽家らしく死のうと思ったアリオンは、竪琴を弾きながら歌ったのち海に身を投げるが、竪琴を聞きに集まっていたイルカに救われ、無事にコリントスの地に帰還。遅れて到着した船員たちは厳しい罰を受け、アリオンの名声はより高まったという。

風を自在に操るアイオロスが作った革袋

アイオロスの袋

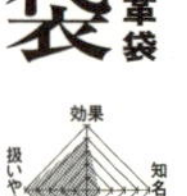

総合評価 C

備考

—

分類

ギリシャ神話

オデュッセウスに贈られた風の詰まった袋

アイオロスの袋とは、ゼウスの好意で風を操る力を得たアイオロスが、さまざまな風を詰めた革袋のこと。

トロイア戦争で活躍したギリシャのオデュッセウスは、トロイア側についたポセイドンの怒りを買い、故郷へたどり着けず厳しい航海をしていた。

途中でアイオロスの住む浮島アイオリアに漂着したオデュッセウスは、アイオロスに歓待されたばかりか、風を詰めた革袋を授けられた。オデュッセウスたちは、西風が詰まった袋を開けて故郷まであと少しというところまで進んだが、部下が逆風の入った袋を開けたためにアイオリアまで戻され、今度はアイオロスも、神の怒りを受けている彼らを追い返したという。

ドラウプニル

9日ごとに分身を生み出す魔法の腕輪

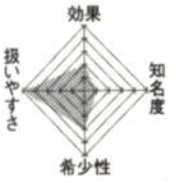

総合評価 C

備考

—

分類

北欧神話

無限に生まれる腕輪は神の王である証

ドラウプニルは「滴るもの」という意味の名を持つ黄金の腕輪で、9日ごとに8つのまったく同じ腕輪を生み出す魔法の道具である。

雷神トールの妻の髪の毛をいたずらで剃ってしまった奸智の神ロキが、「イヴァルディの息子たち」からもらった魔法の品をブロックとエイトリというドワーフの兄弟に見せつけたところ、彼らが戦槌の「ミョルニル」や黄金の猪である「グリンブルスティ」と一緒に作ったのが、このドラウプニルであった。

同じ腕輪を生む以外に特別な力はないが、北欧では腕輪は忠誠に対する返礼とされており、オーディンが神々の王であることを示しているといわれる。

ファフニールの心臓

すべての言語を理解する力を得られる

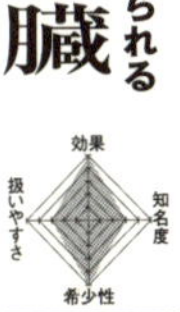

総合評価 B

備考

—

分類

北欧神話

神々の過ちがきっかけで倒されたファフニール

オーディンとロキ、ヘーニルの三人の神々は誤ってファフニールの弟を殺してしまい、賠償としてファフニールの父に無限に黄金を産む指環アンドヴァリナウトを渡す。だが欲を出したファフニールが父を殺して指環を独り占めしたため、末弟のレギンは預かっていた青年シグルズに兄ファフニールを倒すよう頼んだ。

ファフニールを倒したシグルズは、レギンが心臓を食べたいと言ったので火で焙っていたが、火傷を負って指を舐めたはずみにファフニールの血も舐めてしまう。すると、シグルズはすべての言葉がわかるようになり、鳥の鳴き声からレギンが自分を殺そうとしていること悟ると、逆にレギンを斬り倒したのだった。

最終戦争の到来を告げる角笛

ギャラホルン

総合評価　C

備考

—

分類

北欧神話

巨人族の侵攻を知らせるヘイムダルの角笛

「北欧神話」の、アース神族と巨人たちの最終戦争であるラグナロクの到来を知らせるギャラホルンは、アース神族のひとりであるヘイムダルのものである。

ヘイムダルは眠ることがない神で、千キロの彼方まで見通し全世界の音を聞きとれるといい、下界と繋がる虹の橋ビフレストに近い館で、見張り役を務めている。そして、ビフレストを越えて巨人たちが攻め寄せてきたとき、ギャラホルンを吹き鳴らして全世界に最終戦争の到来を告げるのだ。

ギャラホルンが吹き鳴らされたとき、枷に繋がれていた魔狼フェンリルや冥界の番犬ガルムが解き放たれ、世界は一度滅びに向かうのである。

フェンリルを繋ぎとめる魔法の鎖

グレイプニル

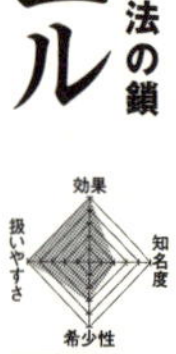

総合評価　B

備考

—

分類

北欧神話

魔狼の動きを見事に封じたドワーフの鎖

グレイプニルは、奸智の神ロキと巨人アングルボダのあいだに生まれた狼フェンリルを拘束するために作られた、三つの品のうちのひとつである。

主神オーディンは、最終戦争のラグナロクでフェンリルに飲み込まれると予言されており、この運命を避けるためにドワーフたちに発注し、できあがった鎖がグレイプニルなのである。

グレイプニルは、一見紐のようにも見えるほど細かったが、フェンリルの力をもってしても切れることなく、動きを封じることに成功。しかし材料に使用した猫の足音、女の髭、岩の根、熊の腱、魚の息、そして鳥の唾液は、世のなかからなくなってしまったという。

この世のすべてを魅了する楽器

ワイナモイネンのカンタレ

総合評価　C

備考　—

分類　フィンランド神話

神話から生まれたという民族楽器

カンタレとは、フィンランドに伝わる民族楽器のひとつで、フィンランドの叙事詩『カレワラ』に登場する、ワイナモイネンが開発したとされる。ワイナモイネンが北方の地ポホヨラに遠征した際、船に乗りあげた大カマスを退治して、その顎の骨を枠に馬の毛を張って最初のカンタレを作った。だがポホヨラから魔法の碾《ひ》き臼を持ち出した騒動で失くしてしまう。

その後、ワイナモネンは枝を切られ皮を剥がれて悲しむ木を見つけて枠に、そして乙女の髪を5本もらって弦にし、新たなカンタレを作成。ワイナモネンがカンタレを弾くと、人はもちろん動物や植物、神々すらもその音色に聞き惚れたという。

食べ物を無限に生み出す魔法の釜

ダグザの大釜

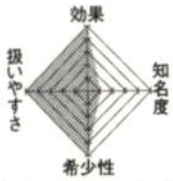

総合評価　B

備考　—

分類　ケルト神話

豊穣を司るダグザの象徴でもある大釜

「ケルト神話」における最高神ダグザが持つ大釜は、ダーナ神族がアイルランドへやってきた際に持ち込んだという4つの秘法のひとつで、豊穣を司る神でもあるダグザを象徴するように、望むだけの食べ物を無限に生み出す力を持っているという。

美しい姿をした神々が多いなか、ダグザがでっぷりと太った姿をしているのも、この大釜で大好きなオートミール大量に食べているからであろう。

なお、この大釜には、戦いで死んだ戦士をこの釜で煮ると、復活させることができるという性能がある。

しかし、ダグザの棍棒にも死者を甦らせる力があり、これが混同されたものとも考えられる。

サンポ

持つ者に幸福をもたらす

総合評価　C

備考

—

分類

フィンランド神話

名匠イルマリネンが作り出した神秘の臼

サンポは、「フィンランド神話」に登場する謎の道具で、持ち主に幸福をもたらすという以外は不明のアイテムである。叙事詩『カワレラ』に登場するサンポは、何もないところから小麦粉と塩、金を生み出す魔法の臼とされている。

もともとは、英雄ワイナモイネンがポポヨラの主であるのヨウヒの娘を嫁に望んだ際、対価として要求されて名匠イルマリネンに作らせたもので、ヨウヒはサンポの力で大いに富を得た。しかし、ワイナモイネンはのちにヨウヒと仲をたがえ、サンポを奪還する。そして、サンポ奪還の遠征のときに発明した楽器が、「カンタレ」（２４３ページ）だったのである。

運命の石

正当な王を知らせるという不思議な石

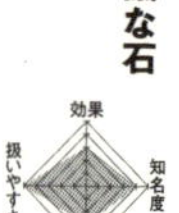

総合評価　B

備考

—

分類

ケルト神話／史実

現在も残されている運命の石

運命の石は、「リア・ファル」とも呼ばれる石で、ダーナ神族がアイルランドへ持ち込んだ、４つの秘宝のうちのひとつである。

正しき王が戴冠するときに石の上に立てば、人の声で叫び声をあげ、予言をするといわれている。

実はこの石、まるっきり架空の存在というわけではなく、6世紀にスコットランド王のファイガスが即位する際にスコットランドへ運ばれ、12世紀にエドワード１世がイングランドへ移してしまい、戴冠石として使っていた。

しかし、１９９６年にスコットランドへ返還され、現在はエディンバラ城に保管されているという。

聖十字架

キリストの磔刑に使用された十字架

総合評価　C

備考
イエス・キリストの聖遺物のひとつ

分類
聖書

世界各地の教会へ分割された聖十字架

イエス・キリストが磔刑に処されたときに使われたという聖十字架はキリストの聖遺物のひとつで、断片は各地の東方教会とカトリック教会に祭られている。

聖十字架が発見されるきっかけとなったのは、ローマ帝国のコンスタンティヌス帝が、母であるヘレナをエルサレムに送って探索させたことに始まる。ヘレナは、神殿の場所をゴルゴダの丘と特定し、磔に使われた聖釘とともに十字架を発見した。このとき、十字架のひとつに触れた女性の病が癒されたため、複数の十字架のなかから聖十字架が判別できたという。

このあと、聖十字架は分割されて各地で祭られることになるが、現存するうちの大半はまがい物である。

ロザリオ

信じるものに祝福を呼ぶ祈祷具

総合評価　C

備考
—

分類
聖書

祈祷の文言を数えるための道具

ロザリオは、数珠の先に十字架が付けられたもので、カトリック教徒が祈りを捧げる際に使用される。首にかけるのではなく、手に持って使用するのが正しく、祈祷した文言の数を数珠を使い数える。

大きなロザリオでは、数珠の先に「不思議のメダイ」と呼ばれるものが付けられたものもある。不思議のメダイとは、1830年にフランスのシスターの前に現れた聖母マリアが、彼女に作成を依頼したといわれるものである。シスターが、目にしたマリアをモチーフにメダイ（メダル）を作ったところ、メダイを身につけた多くの信者が祝福を受けたということから「不思議のメダイ」と呼ばれるようになったという。

世界創生の秘密が記された書物

ラジエルの書

総合評価　B

備考
天使が記した書物

分類
ユダヤ教／キリスト教

天使によって人間にもたらされる

世界最初の書物といわれるラジエルの書は、神々の知識を司る天使ラジエルが書き記したものである。天地創造にまつわるすべての秘密が、天使文字で書かれており、宝石でできているという説もある。

ラジエルの書は、神が創った最初の人間であるアダムに贈られたが、妬んだほかの天使たちによって一度海に捨てられてしまった。しかし、天使ラファエルが回収して再びアダムに授けると、以後はアダムの子孫であるエノクやノア、さらにはソロモン王に伝えられていったという。

なお、天使文字で書かれたラジエルの書の原本は失われたが、写本とされるものは実在するという。

太古の存在について記された魔道書

ネクロノミコン

総合評価　C

備考
—

分類
クトゥルフ神話

禁断の知識が記された魔導書

アメリカの小説家ハワード・フィリップス・ラヴクラフトの作品に登場する書物で、「クトゥルフ神話」における重要な魔導書。原題は『アル・アジフ』といい、常軌を逸したアラブ人、アブドル・アルハザードによって書かれたもので、記された古の邪神とその眷族についての膨大な知識を得るため、多くの魔術師や研究者が追い求めたとされる。

記された奥義を解読すれば、時空を超えたり地下の軍隊を呼び出したりできるほか、異世界の邪悪な存在を召喚したり、逆に撃退することも可能とされた。しかし執筆したアルハザードは、白昼のダマスクスの街で見えない何かに貪り食われたという。

イスラエル王の病んだ心を癒した竪琴

ダビデの竪琴

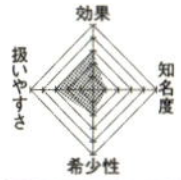

総合評価　D

備考

—

分類

旧約聖書

竪琴がきっかけで道が開けたダビデ

貧しい羊飼いだったダビデは、羊を追いながら竪琴を弾いていた。当時、イスラエル王サウルがうつ病に悩まされており、ダビデの評判を聞いたサウルの家来は、王の心を静められるのではと考え、ダビデを王宮へ連れて行った。

ダビデが王の前で竪琴を奏でると、美しい音色で王の心は癒され、これ以後、ダビデは王に仕えるようになったという。

ペリシテ人との戦いで巨人の戦士ゴリアテを倒したダビデは、名声を妬んだサウル王に殺されそうになるが、王室から脱出し、王が亡くなったのちにイスラエルに戻って、王となった。

富と破滅をもたらす呪われた指環

ニーベルングの指環

総合評価　C

備考

—

分類

北欧神話

強大な力を持つ指環に多くの者が翻弄される

リヒャルト・ワーグナーの歌劇『ニーベルングの指環』に登場する指環。妖精のラインの乙女に振られたドワーフ・ニーベルング族のアルベリッヒは、乙女が守っていた岩礁に眠っている金から指環を作れば、世界を支配する力が得られると知り、乙女たちから金を奪って指環を作った。

指環は、権力の象徴として人々を争わせ、神々の世界に終焉をもたらすが、最後は英雄ジークフリートの妻ブリュンヒルドの手で、ライン川へ還された。

この指環は、「北欧神話」の無限に黄金を産む指環アンドヴァリナウトがもとになったもので、こちらはファフニールの持ち物になっている。

スヤマンタカ

善人を守護し悪人を滅ぼす宝石

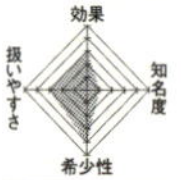

総合評価　C

備考

—

分類

ヒンドゥー神話

ヴィシュヌ第8の化身クリシュナにもたらされる

スヤマンタカは、ヒンドゥー教の主神ヴィシュヌが身につけている宝石で、手首を飾る装身具である。

もともとは、ヴィシュヌ神の第8の化身であるクリシュナの妻サティヤバーマーの父であるサトラジットが、太陽神スーリヤから授かったもので、持ち主が善人なら守護するが、悪人なら破滅をもたらすという。

スヤマンタカがクリシュナにもたらされる経緯にはふたつの説があり、サティヤバーマーの求婚者のひとりがサトラジットを殺して奪ったものをクリシュナが取り戻したという説と、サトラジットが弟に与えたが、弟がライオンに殺されたのち熊の王へ渡り、クリシュナが熊の王を倒して手に入れたという説がある。

アムリタ

呪いを解き不老不死をもたらす妙薬

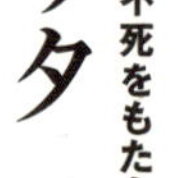

総合評価　A

備考

—

分類

ヒンドゥー神話

海を攪拌して作り出した秘薬

アムリタは「ヒンドゥー神話」に登場する飲料で、神々が賢者ルルヴァサにかけられた呪いを解くため「乳海攪拌《にゅうかいかくはん》」により生みだした不老不死の薬である。

乳海攪拌とは、乳海と呼ばれる海にヴィシュヌ神の化身である亀を入れて、その上に山を置いて綱となる大蛇ヴァースキを絡ませ、神々で蛇を引いて山を回転させることで、海を攪拌するのである。

攪拌された海中では、生息していた生物がことごとく寸断されて乳白色の海となった。

さらに千年攪拌すると、さまざまな生物や宝石が生まれたのち、最後に天界の医師ダヌヴァンタリがアムリタの入った壺を持って現れたという。

浄《じょう》玻《は》璃《りの》鏡《かがみ》

亡者の行いを映す真実の鏡

生前の行いをすべて暴露する鏡

浄玻璃とは水晶のことなので、浄玻璃鏡とは水晶で作られた鏡ということになる。この鏡は、地獄の守護者である閻魔大王が、亡者に裁定を下す際に善悪の見極めを行うために使用するもので、亡者の生前の行いがすべて映し出されるため隠し事はできず、嘘をついたことがわかると舌を抜かれるという。

また、亡者自身の行動だけでなく、周囲に対する影響もわかるようになっており、亡者に対して周囲がどう思っていたかも明らかにされる。

なお、一説によると、閻魔が浄玻璃鏡を使うのは亡者に裁定を下すためだけでなく、亡者に生前の行いを見せることで、反省を促すためでもあるという。

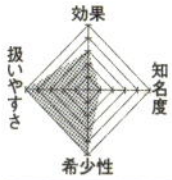

総合評価　C
備考
—

分類
仏教

陰《おん》陽《みょう》鏡《きょう》

照らすだけで生死を決める恐るべき鏡

照らすだけで相手を倒す強力な宝貝

陰陽鏡は、小説『封神演義』に登場する宝貝《パオペエ》（仙人が作った不思議な道具）のひとつで、崑崙山の十二大師のひとりである赤精子が作成した。紅白の二面を持つ鏡の宝貝で、赤い鏡で一回照らすと相手は昏倒し、二回照らせば絶命、三回照らすと溶けて血水になってしまう。白い面で一度照らせば正気に戻り、二回照らせば生き返るが、血水になった者には効き目はない。

一度目と二度目は、紅白の面で効果が対になっており、生殺与奪はほぼ思いのままという、強力な宝貝である。赤精子は弟子の殷洪に持たせていたが、殷洪が裏切ったために倒して回収し、その後物語の主人公の姜子牙を呪殺しようとした姚天君を倒している。

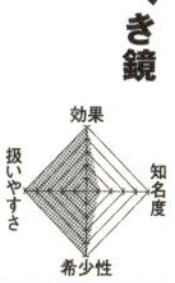

総合評価　B
備考
—

分類
封神演義

空を飛べる不思議な絨毯

空飛ぶ絨《じゅう》毯《たん》

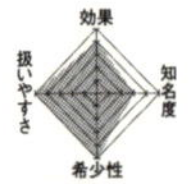

総合評価　B

備考
もともとはタピストリーだったという

分類
アラビアン・ナイト

姫の命を救うのに役立った絨毯

その昔、インドの王には三人の王子がいたが、三人とも王の兄の娘である姫君と結婚したいと言っていた。困った王は、一番珍しいものを持ってきた者に結婚を許すことにし、三人はそれぞれ「空飛ぶ絨毯」「千里を見通す望遠鏡」「匂いをかぐと病が治る林檎」を持ち帰った。ところが、三人が望遠鏡で覗くと姫が病に冒されていたため、急いで空飛ぶ絨毯に乗って姫のもとへと向かい、林檎で彼女の命を救ったのである。

この話は、書物『アラビアン・ナイト』の話だが、姫とは望遠鏡を持ち帰った次男が結婚し、絨毯を持ち帰った三男はどこかへ旅立ってしまった。そして、林檎を持ち帰った長男は、別の女性と結婚した。

空を自在に飛ぶ仙術のひとつ

觔《きん》斗《と》雲《うん》

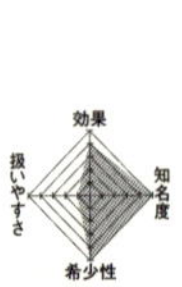

総合評価　B

備考
—

分類
西遊記

孫悟空ならではの術

觔斗雲は、小説『西遊記』に登場する孫悟空が仙人から習得した術のうちのひとつで、雲に乗って空を飛ぶ術である。「觔斗」は宙返りを指す言葉で、孫悟空が雲に乗る基本的な術を師匠の須菩提に見せた際に、宙返りをしながら雲に乗ったことから、須菩提が孫悟空にふさわしいと判断して授けた。

この術は、ひと飛びで10万里以上を移動する術だが、それ以上進むためには10万里ごとに宙返りをしなければならず、猿である孫悟空ならではの術であった。

日本では、マンガ『ドラゴンボール』の影響で雲自体を思い浮かべる人が多いと思うが、どちらかというと術を指す言葉のようだ。

返事した相手を吸い込む瓢箪

紅《あか》瓢《ひょう》箪《たん》

もともとは道教の神様の持ち物

小説『西遊記』に登場する赤い瓢箪で、瓢箪の栓を開けて名前を呼び、相手が返事をすると吸い込んで溶かし、水にしてしまうというものだ。別名「紫金紅葫《しきんべにひさ》蘆《ご》」とも呼ばれ、もともとは古代中国の神である女渦が、崑崙山のふもとに実っていた赤い瓢箪を、道教の最高神である太上老君に贈ったものだという。

金角と銀角の兄弟が使っていたが、彼らはもともと太上老君の炉の番人たちで、実は紅瓢箪は「七星宝剣《しちせいほうとう》」（93ページ）や「芭蕉扇《ばしょうせん》」（251ページ）とともに盗み出されたものだった。孫悟空も一度は吸い込まれてしまうが蝿に化けて脱出し、逆に瓢箪を手に入れて兄弟の名前を呼び、ふたりを吸い込んで倒した。

総合評価　B
備考
—
分類
西遊記

雨でも消えない火焔山を鎮めた扇

芭《ば》蕉《しょう》扇《せん》

芭蕉扇をめぐって羅刹女と戦う

芭蕉扇は、小説『西遊記』に登場する芭蕉の葉で作られた大きな扇で、三蔵法師の一行が大雨でも火が消えない火焔山を通るために使用した。

芭蕉扇は妖怪の羅刹女《らせつにょ》（鉄扇公主《てっせんこうしゅ》）の持ち物で、孫悟空が借りに行くことになった。しかし、以前に彼女の息子である紅孩児と戦っていたため、芭蕉扇を借りるどころか戦うことになってしまい、扇で扇がれてはるか彼方へ吹き飛ばされてしまった。

こののち、孫悟空は再び羅刹女と戦って打ち負かすが偽物を掴まされ、本物を借りるために羅刹女の夫である牛魔王と対峙。紆余曲折を経て、ようやく手に入れた芭蕉扇を使い火焔山を通過するのだった。

総合評価　C
備考
—
分類
西遊記

実在武具年表

年代	武具
BC2万年？	棍棒・棒（157ページ）
BC35世紀？	スリング（184ページ）
BC25～13世紀	スケールアーマー（203ページ）
BC15世紀	ショートボウ（174ページ）
BC14世紀	メイス（145ページ）
BC10世紀？	ナックルダスター（149ページ）
BC8世紀	多節棍（152ページ）
BC7世紀	グラディウス（38ページ）
	セルティス（148ページ）
BC6～5世紀	チェインメイル（205ページ）
BC5世紀	弩（181ページ）
BC4世紀	カタール（84ページ）
BC3世紀	ファラリカ（184ページ）
BC2世紀以前	草薙剣（54ページ）
2世紀	ジャベリン（176ページ）
4世紀	クロスボウ（175ページ）
5世紀	フランキスカ（177ページ）
6世紀	ヴィーキングソード（40ページ）
7世紀	バトル・アックス（144ページ）
	ダマスカスソード（83ページ）
	叉（122ページ）

年代	武具
13世紀	トゥ・ハンド・ソード（36ページ）
	エストック（41ページ）
	シャムシール（82ページ）
	大般若長光（90ページ）
	ウォー・ハンマー（146ページ）
	モーニング・スター（147ページ）
14世紀	ロングボウ（174ページ）
	脇差（79ページ）
	忍び刀（80ページ）
	正宗（90ページ）
	拐（153ページ）
	ブーメラン（178ページ）
	圏（183ページ）
	撒菱（185ページ）
	神火飛鴉（186ページ）
15世紀	グレートヘルム（210ページ）
	コート・オブ・プレート（206ページ）
	バスタードソード（35ページ）
	クレイモア（37ページ）
	ハルベルト（119ページ）
	パイク（120ページ）

本書で紹介した武具のうち、歴史上実在したものを誕生年ごとに年表としてまとめた。武具の進化の変遷を楽しんでほしい。

8世紀	ウイップ（157ページ）
	小烏丸（87ページ）
9～10世紀	薙刀（121ページ）
	童子切安綱（66ページ）
	髭切と膝丸（70ページ）
10世紀	大鎧（215ページ）
	ファルシオン（39ページ）
	朴刀（81ページ）
	眉尖刀（123ページ）
	錘（151ページ）
10～11世紀	大斧（156ページ）
11世紀	三日月宗近（94ページ）
	ダガー（43ページ）
	クロスアーマー（202ページ）
12世紀	カイトシールド（207ページ）
	野太刀（78ページ）
	金砕棒（150ページ）
	ヘルム（210ページ）
	大典太光世（94ページ）
12～13世紀	数珠丸恒次（94ページ）
13世紀	鬼丸国綱（94ページ）

	手裏剣（179ページ）
	キャットオブナインテイル（187ページ）
	プレートアーマー（204ページ）
	ソードシールド（209ページ）
	アーメット（211ページ）
	ラウンドシールド（214ページ）
15～16世紀	村正（58ページ）
16世紀	レイピア（42ページ）
	サーベル（85ページ）
	蜻蛉切（106ページ）
	ランス（117ページ）
	スコーピオン（118ページ）
	十手（156ページ）
	鎖鎌（180ページ）
	マンキャッチャー（187ページ）
	ランタン・シールド（208ページ）
	アイアンシールドピストル（214ページ）
16～17世紀	虎徹（62ページ）
17世紀	ブロードソード（34ページ）
	吹き針（185ページ）
	万人敵（187ページ）

主な参考文献（順不動）

『**武器辞典**』市川定春著　新紀元社
『**魔道具事典**』山北篤監修　新紀元社
『**武器と防具　西洋編**』市川定春著　新紀元社
『**武器と防具 中国編**』篠田耕一著　新紀元社
『**図解　近接武器**』大波篤司著　新紀元社
『**名刀伝説**』牧秀彦著　新紀元社
『**伝説の「武器・防具」がよくわかる本**』佐藤俊之監修／造事務所編著　PHP研究所
『**伝説の「魔法」と「アイテム」がよくわかる本**』造事務所編著／佐藤俊之監修　PHP研究所
『**「世界の英雄」がよくわかる本**』寺沢精哲監修　PHP研究所
『**「世界の神々」がよくわかる本**』東ゆみこ監修／造事務所編著　PHP研究所
『**新説　RPG幻想事典　剣と魔法の博物誌**』村山誠一郎著　ソフトバンク クリエイティブ
『**知っておきたい　伝説の武器・防具・刀剣**』金光仁三郎監修　西東社
『**よくわかる「世界の神器・魔道具」事典**』幻想アイテムを研究する会著　ブレインナビ編　廣済堂出版
『**図説　アーサー王伝説物語**』デイヴィッド・デイ著／山本史郎訳　原書房

『アーサー王の死』トマス・マロリー著／ウィリアム・キャクストン編／厨川圭子、厨川文夫編訳　筑摩書房
『アーサー王伝説の起源』C・スコット・リトルトン、リンダ・A・マルカー著／辺見葉子、吉田瑞穂訳　青土社
『続　剣と愛と―中世ロマニアの文学』中央大学人文科学研究所編集　中央大学出版部
『ジークフリート伝説　ワーグナー『指輪』の源流』石川栄作著　講談社
『ジークフリート―ニーベルングの指環』リヒャルト・ワーグナー著／高橋康也、高橋宣也訳　新書館
『ギリシア・ローマ神話辞典』高津春繁　岩波書店
『面白いほどよくわかるギリシャ神話』吉田敦彦著　日本文芸社
『ケルト事典』ベルンハルト・マイヤー著／鶴岡真弓監修／平島直一郎訳　創元社
『ケルト文化事典』ジャン・マルカル著／金光仁三郎、渡邉浩司訳　大修館書店
『ケルト神話・伝説事典』ミランダ・J・グリーン著／井村君江、大橋篤子、渡辺充子、北川佳奈訳　東京書籍
『北欧神話と伝説』グレンベック著／山室静訳　新潮社
『三国志人物事典』渡辺精一著　講談社
『図説　中国武器集成〔決定版〕』学習研究社
『宮本武蔵―孤高に生きた剣聖（別冊歴史読本27）』新人物往来社
『世界の故事・名言・ことわざ総解説』自由国民社

その他、多くの書籍やウェブサイトを参考にさせていただいております。

伝説《でんせつ》の「武器《ぶき》・防具《ぼうぐ》」大辞典《だいじてん》

2008年10月12日　第1刷発行

編著　幻想世界研究会《げんそうせかいけんきゅうかい》

ライティング　黒井裕樹
北野大仁
三浦和太郎

表紙・本文イラスト　添田一平

表紙・本文デザイン　和知久仁子

発行人　赤坂了生

発行所　株式会社双葉社
〒162-8540 東京都新宿区東五軒町3-28
電話 03-5261-4837（編集部）
03-5261-4818（営業部）
http://www.futabasha.co.jp/
上記HPにて双葉社の書籍・コミックスが買えます。

印刷所　三晃印刷株式会社

ISBN 978-4-575-30077-2 C0076